Albert Einstein

Zeiten des Staunens

HERDER / SPEKTRUM

Band 4153

Das Buch

„Das Schönste, was wir erleben können, ist das Geheimnisvolle. Es ist das Grundgefühl, das an der Wiege von wahrer Kunst und Wissenschaft steht. Wer es nicht kennt und sich nicht mehr wundern, nicht mehr staunen kann, der ist sozusagen tot und sein Auge erloschen." – lautete Albert Einsteins tiefes Credo. Die vorliegende, von Harald Schützeichel kenntnisreich gefügte Anthologie führt den Leser in das faszinierende Denken des brillanten Naturwissenschaftlers und universalen Geistes ein, der nie das Staunen eines Kindes verlernte: Geniale Gedanken zu Frieden und Freiheit, zu Religion und Naturwissenschaft, zu Erziehung und Freundschaft, zu den drängenden Aufgaben einer zusammenwachsenden Welt. Die bleibende Botschaft einer der prägendsten Persönlichkeiten des 20. Jahrhunderts.

Der Autor

Albert Einstein, 1879–1955, weltberühmter Physiker und Pazifist. Direktor des Kaiser-Wilhelm-Instituts für Physik in Berlin (1914–33), emigrierte nach den USA. Begründer der Relativitätstheorie; Nobelpreisträger 1921.

Der Herausgeber

Harald Schützeichel, geb. 1960, Dr. phil., studierte Theologie, Philosophie und Musikwissenschaft. Studienleiter an der Katholischen Akademie Freiburg i. Br.

Albert Einstein

Zeiten des Staunens

Herausgegeben
von Harald Schützeichel

Herder
Freiburg · Basel · Wien

Originalausgabe

Herstellung: Freiburger Graphische Betriebe 1993
Umschlaggestaltung: Joseph Pölzelbauer
Umschlagmotiv: Albert Einstein / Herder Archiv
ISBN 3-451-04153-7

Inhalt

Vorwort

„Wäre ich noch einmal ein junger Mensch und stünde ich erneut vor der Entscheidung über den besten Weg, meinen Lebensunterhalt zu verdienen, so würde ich nicht ein Wissenschaftler, Gelehrter oder Pädagoge, sondern eher ein Klempner oder Hausierer werden wollen, in der Hoffnung, mir damit jenes bescheidene Maß von Unabhängigkeit zu sichern, das unter den heutigen Verhältnissen noch erreichbar ist." Mit diesen Worten antwortete Albert Einstein ein halbes Jahr vor seinem Tod auf die Frage einer Zeitschrift, was er über die Lage der Wissenschaftler in Amerika denke. Daß die Klempner-Gewerkschaft ihn als Reaktion auf seine Antwort zum Ehrenmitglied machte, dürfte freilich weniger wichtig sein als die Tatsache, daß dieses Bonmot Einsteins eine heftige Diskussion über die intellektuelle Freiheit auslöste. In den letzten Jahren seines Lebens kam hier gerade jener, der in der Weltöffentlichkeit als Prototyp des genialen Wissenschaftlers galt, zu dem deprimierenden Schluß, daß die Unabhängigkeit von Intellektuellen in der Ausübung ihrer beruflichen Tätigkeit öfters gefährdet, ja mehr noch: daß die Wissenschaft zum Feind des Menschen geworden ist. Der freie Griff nach den Früchten des Baums der Erkenntnis war für die Zukunft der Menschen ebenso notwendig wie er auch zur unheilvollen Geste werden konnte.

Einsteins hohe Wertschätzung der intellektuellen Freiheit des einzelnen wurde von persönlichen Erlebnissen in der Jugend geprägt: 1879 in Ulm als Sohn jüdischer Eltern geboren, besuchte er zunächst das mit wilhelminischem Drill geführte Luitpoldgymnasium in München, später dann die Kantonsschule im schweizerischen Aarau. Einstein schreibt über letztere: „Diese Schule hat durch ihren liberalen Geist und durch den schlichten Ernst der auf keinerlei äußerliche Autorität sich stützenden Lehrer einen unvergeßlichen Eindruck in mir hinterlassen; durch Vergleich mit sechs Jahren Schulung an einem deutschen, autoritär geführten Gymnasium wurde mir eindringlich bewußt, wie sehr die Erziehung zu freiem Handeln und Selbstverantwortlichkeit jener Erziehung überlegen ist, die sich auf Drill, äußere Autorität und Ehrgeiz stützt."

Wie bereits in seiner Schulzeit erwies sich Einstein auch in dem sich anschließenden mathematisch-physikalischen Studium an der Eidgenössischen Polytechnischen Hochschule in Zürich als eher mittelmäßiger Student. Da ihm nach eigenem Bekunden die nötige Ordnungsliebe und Disziplin für ein gewissenhaftes Studium fehlte, richtete er seine Vorlesungen so ein, „wie es meinem intellektuellen Magen und meinen Interessen entsprach". Später gestand er: „Für einen Menschen meiner Art von grüblerischem Interesse ist das Universitätsstudium nicht unbedingt segensreich. Gezwungen, so viele gute Sachen zu essen, kann man sich dauernd den Appetit und den Magen verderben. Das Lichtlein der heiligen Neugier kann dauernd verlöschen. Glücklicherweise hat bei mir diese intellektuelle Depression nach glücklicher Beendigung des Studiums nur ein Jahr angehalten." Dieses Jahr „intellektueller Depression" war bestimmt durch mehrere Anstellungen als Hilfslehrer und wurde abgelöst durch eine siebenjährige Tätigkeit beim Eidgenössischen Patentamt für geistiges Eigentum in Bern (1902–1909). In die Zeit beim Patentamt fallen wichtige Ereignisse für Einsteins weiteres Leben: einerseits die Eheschließung mit Mileva Maric und die Geburt des ersten Sohnes, andererseits die Entdeckung der Lichtquanten (für die Einstein 1921 den Nobelpreis erhielt), die erste Arbeit über die Spezielle Relativitätstheorie und schließlich die Habilitation an der Universität Bern.

Zwar fand Einsteins erste Vorlesung (Wintersemester 1908/09) über die „Theorie der Strahlung" noch vor nur drei Hörern statt und mußte die Vorlesung im folgenden Sommersemester wegen zu geringer Hörerzahl sogar abgesagt werden, doch änderte sich dies ab 1916, als er seine Arbeiten an der Allgemeinen Relativitätstheorie beendet hatte. Einstein, der 1919 zum zweiten Mal geheiratet und eine Wohnung in Berlin bezogen hatte, beurteilte den wachsenden Rummel um seine Person und seine stetig steigende Bekanntheit jedoch eher nüchtern: „ Die Menschen schmeicheln mir, solange ich ihnen nicht unbequem bin. Versuche ich aber, Zielen zu dienen, die ihnen unbequem sind, so gehen sie sofort zur Beschimpfung und Verleumdung über, um ihre Interessen zu verteidigen."

Tatsächlich war Einstein für viele bereits zu einem Stein des Anstoßes geworden, da er neben seinen naturwissenschaftlichen Forschungen zunehmend auch zu politischen, religiösen oder philosophischen Fragen Stellung nahm: So setzte er sich beispielsweise für die Forderung der Zionisten nach Errichtung eines Staates Israel auf dem historischen Boden des alten Palästina ein. Einstein betrachtete sein Votum vor allem als Zeichen der Hoffnung für seine jüdischen Mitbürger, deren würdelose Situation ihm das Herz hatte bluten lassen: „Denn kein Mensch erniedrigt sich gerne. Wenn das aber eine ganze Gruppe tut, so muß sie in sehr unnatürlichen Verhältnissen leben, und man muß nach einem Heilmittel für sie suchen."

Mit seinen immer häufiger werdenden politischen Äußerungen war Einstein zu einem „enfant terrible" unter den deutschen Gelehrten geworden, denn ein sorgfältig beachtetes Grundgesetz unter deutschen Wissenschaftlern war die strikte Trennung zwischen Wissenschaft und Politik. Einsteins weltanschauliche und wissenschaftliche Gegner stammten in der Regel aus dem politisch rechten Lager und sammelten sich in einer Art „Bewegung", der „Arbeitsgemeinschaft deutscher Naturforscher zur Erhaltung reiner Wissenschaft". Ihre Gegnerschaft wuchs um so mehr, als sich Einstein in den 20er Jahren vehement für den Pazifismus und die Kriegsdienstverweigerung einsetzte. Mit scharfen Worten attackierte er das „verhaßte Militär", die „schlimmste Ausgeburt des Herdenwesens": „Diesen Schandfleck der Zivilisation sollte man so schnell wie möglich zum Verschwinden bringen. Heldentum auf Kommando, sinnlose Gewalttat und die leidige Vaterländerei, wie glühend hasse ich sie, wie gemein und verächtlich erscheint mir der Krieg; ich möchte mich lieber in Stücke schlagen lassen, als mich an einem so elenden Tun beteiligen!"

Als ab 1933 die „nationalsozialistische Bewegung" in Deutschland regierte und schließlich die Welt in einen Krieg stürzte, modifizierte der bereits 1933 in die USA emigrierte Einstein jedoch seine Position und betonte nun, „daß in Europa das Kampfmittel der Dienstverweigerung erst dann wieder empfohlen werden kann, wenn die militärische Bedrohung der demokratischen Länder durch Diktaturen mit aggressiver Tendenz aufgehört hat. Eine militärische Schwächung der Nachbarn Deutschlands würde gegenwärtig eine Katastrophe für die europäische Zivilisation bedeuten. Das Ziel bleibt dasselbe, aber die Methoden müssen den Umständen angepaßt werden. Ziel der Pazifisten muß heute die Schaffung einer Aktionsgemeinschaft der normal gebliebenen Mächte sein."

Es ist die Angst vor einem Sieg des Deutschen Reiches über die Demokratien der Welt, die Einstein schließlich sogar seine Unterschrift unter einen Brief an den amerikanischen Präsidenten Roosevelt setzen läßt, in dem die Notwendigkeit betont wird, „Experimente im Großen anzustellen zur Untersuchung der Möglichkeit der Herstellung einer Atombombe". Wie Einstein später betont, war er zwar mit der Entwicklung, nicht jedoch mit dem Einsatz dieser Waffe einverstanden. Die Entwicklung der Atombombe sollte seiner Meinung nach verhindern, daß die Deutschen diese furchtbare Waffe *allein* besitzen. Militärische Abschreckung war mithin sein Ziel, nicht die Anwendung der Atombombe. Nach dem Abwurf der Bombe und dem sich anbahnenden Kalten Krieg zwischen den Weltmächten USA und UdSSR stand Einstein freilich erneut die grausame Tragweite jenes Dilemmas vor Augen, in das wissenschaftliche Forschung geraten konnte: der Griff nach dem Baum der Erkenntnis drohte zu einer Gefahr für das Bestehen der Menschheit zu werden. Es war offensichtlich, wie sehr die ständige Suche nach neuer Erkenntnis, das unablässige Vordringen in immer tiefere Schichten der Natur zum Feind des Friedens und zu einem großen Hindernis auf dem Weg zur Durchsetzung eines humanitären Verhaltens werden konnte.

Die Verantwortung für einen vernünftigen Einsatz

wissenschaftlicher Erkenntnis und damit die Verantwortung für die Zukunft der Menschheit lag nach Meinung Einsteins jedoch keineswegs allein bei den Wissenschaftlern: „Die Grenzlinie ist nicht zwischen Wissenschaftlern und Nichtwissenschaftlern zu ziehen, sondern zwischen verantwortungsvollen, anständigen Menschen und allen übrigen. Die Wissenschaftler schweigen, weil sie entdeckt haben, daß die anständigen Menschen eine verschwindende Minderheit darstellen. Ihre einzige Alternative heißt: Verweigerung der Mitarbeit oder Sklaverei."

In den 20er Jahren hatte Einstein noch geglaubt, der Einfluß der geistigen Elite einer Gesellschaft könnte der Hemmungslosigkeit und Verantwortungslosigkeit der politischen Machthaber entgegenwirken. Das Schweigen der deutschen Wissenschaftler in der Zeit des Dritten Reiches hatte ihn jedoch enttäuscht und ernüchtert: „Die Haltung der deutschen Intellektuellen – als Klasse betrachtet – war nicht besser als die des Pöbels." An die Stelle der Idee von einem losen Zusammenschluß gesellschaftlich einflußreicher Personen tritt daher nach dem Zweiten Weltkrieg die Vorstellung von einer übernationalen Organisation, einer Weltregierung. Denn nur durch die Übertragung der Verfügungsgewalt der einzelnen Staaten über ihre Waffen auf diese Weltregierung könne – so Einsteins Überzeugung – ein bewaffneter Konflikt zwischen den Nationen ausgeschlossen werden. Zudem sei es nach Errichtung der Weltregierung auch möglich, in der Erziehung endlich auf die Vermittlung nationaler Überheblichkeit und militärischen Überlegenheitsdenkens zu verzichten.

Das Dilemma wissenschaftlichen Denkens, daß nämlich die Ergebnisse der Forschung auch zum Nachteil der

Welt und der Menschen eingesetzt werden können, hinderte Einstein jedoch nicht daran, weiter die Notwendigkeit einer freien wissenschaftlichen Arbeit zu betonen. Deutlich verurteilt er dagegen die immer größer werdende Beeinflussung des öffentlichen Lebens durch wirtschaftliche Interessen und Denkmuster. Niemand frage mehr nach dem Wert der Dinge und der Menschen, die wirtschaftlichen Mittel seien ungleich verteilt und der rücksichtslose Wirtschaftskampf habe eine moralische Entwurzelung zur Folge. Notwendig sei daher eine sittliche Erziehung, sei die „Heranbildung unabhängig handelnder und denkender Personen, die allerdings im Dienst einer Gemeinschaft ihr höchstes Lebensproblem entwickeln". Anleitung zu selbständigem Denken ist für Einstein ein wichtiger Grundpfeiler jeder sittlichen Erziehung, andere sind Wissenschaft und Kunst: Die Wissenschaft berichte in einer vom Menschen verstehbaren Sprache über die immanente Ordnung der Natur, Aufgabe der Kunst sei die „Vermittlung des Unaussprechlichen", wodurch sie zur Erzieherin im Dienst der Kultur werde.

Nach dem Zweiten Weltkrieg wurde Einstein zu einer weltweit geachteten moralischen Autorität, was sich unter anderem auch in dem 1952 an ihn herangetragenen Anliegen äußerte, das Amt des Staatspräsidenten von Israel zu übernehmen. Doch die Übernahme eines politischen Amtes entsprach nicht dem Wesen eines Mannes, der sich sein Leben lang mit Beobachtung von Naturvorgängen beschäftigt hatte, und nach eigenem Bekunden niemals Gelegenheit besaß, „Erfahrung im richtigen Verhalten zu Menschen und in der Ausübung offizieller Funktionen" zu sammeln.

Einstein starb am 18. April 1955 in Princeton. Seine

Botschaft an die Nachwelt hat er selbst bereits 1936 formuliert: „Liebe Nachwelt! Wenn Ihr nicht gerechter, friedlicher und überhaupt vernünftiger sein werdet, als wir sind, bzw. gewesen sind, so soll euch der Teufel holen. Diesen frommen Wunsch mit aller Hochachtung geäußert habend bin ich euer (ehemaliger) Albert Einstein."

Merzhausen, im Oktober 1992 *Harald Schützeichel*

Erfahrungen und Reflexionen

Wie ich die Welt sehe

Wie merkwürdig ist die Situation von uns Erdenkindern! Für einen kurzen Besuch ist jeder da. Er weiß nicht wofür, aber manchmal glaubt er, es zu fühlen. Vom Standpunkt des täglichen Lebens ohne tiefere Reflexion weiß man aber: man ist da für die anderen Menschen – zunächst für diejenigen, von deren Lächeln und Wohlsein das eigene Glück völlig abhängig ist, dann aber auch für die vielen Ungekannten, mit deren Schicksal uns ein Band des Mitfühlens verknüpft. Jeden Tag denke ich unzählige Male daran, daß mein äußeres und inneres Leben auf der Arbeit der jetzigen und der schon verstorbenen Menschen beruht, daß ich mich anstrengen muß, um zu geben im gleichen Ausmaß, wie ich empfangen habe und noch empfange. Ich habe das Bedürfnis nach Genügsamkeit und habe oft das drückende Bewußtsein, mehr als nötig von der Arbeit meiner Mitmenschen zu beanspruchen. Die sozialen Klassenunterschiede empfinde ich nicht als gerechtfertigt und letzten Endes als auf Gewalt beruhend. Auch glaube ich, daß ein schlichtes und anspruchsloses äußeres Leben für jeden gut ist, für Körper und Geist.

An Freiheit des Menschen im philosophischen Sinne glaube ich keineswegs. Jeder handelt nicht nur unter äußerem Zwang, sondern auch gemäß innerer Notwendigkeit. Schopenhauers Spruch: „Ein Mensch kann zwar tun, was er will, aber nicht wollen, was er will", hat mich seit meiner Jugend lebendig erfüllt und ist mir beim Anblick und beim Erleiden der Härten des Lebens immer ein Trost gewesen und eine unerschöpfliche Quelle der Toleranz. Dieses Bewußtsein mildert in wohltuender Weise das leicht lähmend wirkende Verantwortungsgefühl und macht, daß wir uns selbst und die andern nicht gar zu ernst nehmen; es führt zu einer Lebensauffassung, die auch besonders dem Humor sein Recht läßt.

Nach dem Sinn oder Zweck des eigenen Daseins sowie des Daseins der Geschöpfe überhaupt zu fragen, ist mir von einem objektiven Standpunkt aus stets sinnlos erschienen. Und doch hat andererseits jeder Mensch gewisse Ideale, die ihm richtunggebend sind für das Streben und für das Urteilen. In diesem Sinn ist mir Behagen und Glück nie als Selbstzweck erschienen (ich nenne diese ethische Basis auch Ideal der Schweineherde). Meine Ideale, die mir voranleuchteten und mich mit frohem Lebensmut immer wieder erfüllten, waren Güte, Schönheit und Wahrheit. Ohne das Gefühl von Übereinstimmung mit Gleichgesinnten, ohne die Beschäftigung mit dem Objektiven, dem ewig Unerreichbaren auf dem Gebiet der Kunst und des wissenschaftlichen Forschens wäre mir das Leben leer erschienen. Die banalen Ziele menschlichen Strebens: Besitz, äußerer Erfolg, Luxus, erschienen mir seit meinen jungen Jahren verächtlich.

Mein leidenschaftlicher Sinn für soziale Gerechtigkeit und soziale Verpflichtung stand stets in einem eigentümlichen Gegensatz zu einem ausgesprochenen Mangel an unmittelbarem Anschlußbedürfnis an Menschen und an menschliche Gemeinschaften. Ich bin ein richtiger „Einspänner", der dem Staat, der Heimat, dem Freundeskreis, ja, selbst der engeren Familie nie mit ganzem Herzen angehört hat, sondern all diesen Bindungen gegenüber ein nie sich legendes Gefühl der Fremdheit und des Bedürfnisses nach Einsamkeit empfunden hat, ein Gefühl, das sich mit dem Lebensalter noch steigert. Man empfindet scharf, aber ohne Bedauern die Grenze der Verständigung und Konsonanz mit anderen Menschen. Wohl verliert ein solcher Mensch einen Teil der Harmlosigkeit und des Unbekümmertseins, aber er ist dafür von den Meinungen, Gewohnheiten und Urteilen der Mitmenschen weitgehend unabhängig und kommt nicht in die Versuchung, sein Gleichgewicht auf solch unsolide Grundlage zu stellen.

Mein politisches Ideal ist das demokratische. Jeder soll als Person respektiert und keiner vergöttert sein. Eine Ironie des Schicksals, daß die andern Menschen mir selbst viel zuviel Bewunderung und Verehrung entgegengebracht haben, ohne meine Schuld und ohne mein Verdienst. Es mag wohl von dem für viele unerfüllbaren Wunsch herrühren, die paar Gedanken zu verstehen, die ich mit meinen schwachen Kräften in unablässigem Ringen gefunden habe. Ich weiß zwar sehr wohl, daß es zur Erreichung jedes organisatorischen Zieles nötig ist, daß einer denke, anordne und im Großen die Verantwortung trage. Aber die Geführten sollen nicht gezwungen sein, sondern den Führer wählen können. Ein autokratisches System des Zwanges degeneriert nach meiner Überzeugung in kurzer Zeit. Denn Gewalt zieht stets moralisch Minderwertige an, und es ist nach meiner Überzeugung Gesetz, daß geniale Tyrannen Schurken als Nachfolger haben. Als das eigentlich Wertvolle im menschlichen Getriebe empfinde ich nicht den Staat, sondern das schöpferische und fühlende Individuum, die Persönlichkeit: sie allein schafft das Edle und Sublime, während die Herde als solche stumpf im Denken und stumpf im Fühlen bleibt.

Bei diesem Gegenstand komme ich auf die schlimmste Ausgeburt des Herdenwesens zu reden: auf das mir verhaßte Militär! Wenn einer mit Vergnügen in Reih und Glied zu einer Musik marschieren kann, dann verachte ich ihn schon; er hat sein großes Gehirn nur aus Irrtum bekommen, da für ihn das Rückenmark schon völlig genügen würde. Diesen Schandfleck der Zivilisation sollte man so schnell wie möglich zum Verschwinden bringen. Heldentum auf Kommando, sinnlose Gewalttat und die leidige Vaterländerei, wie glühend hasse ich sie, wie gemein und verächtlich erscheint mir der Krieg; ich möchte mich lieber in Stücke schlagen lassen, als mich an einem so elenden Tun beteiligen! Ich denke immerhin so gut von der Menschheit, daß ich glaube, dieser Spuk wäre schon längst verschwunden, wenn der gesunde Sinn der Völker nicht von geschäftlichen und politischen Interessenten durch Schule und Presse systematisch korrumpiert würde.

Das Schönste, was wir erleben können, ist das Geheimnisvolle. Es ist das Grundgefühl, das an der Wiege von wahrer Kunst und Wissenschaft steht. Wer es nicht kennt und sich nicht mehr wundern, nicht mehr staunen kann, der ist sozusagen tot und sein Auge erloschen. Das Erlebnis des Geheimnisvollen – wenn auch mit Furcht gemischt – hat auch die Religion gezeugt. Das Wissen um die Existenz des für uns Undurchdringlichen, der Manifestationen tiefster Vernunft und leuchtendster Schönheit, die unserer Vernunft nur in ihren primitivsten Formen zugänglich sind, dies Wissen und Fühlen macht wahre Religiosität aus; in diesem Sinn und nur in diesem gehöre ich zu den tief religiösen Menschen. Einen Gott, der die Objekte seines Schaffens belohnt und bestraft, der überhaupt einen Willen hat nach Art desjenigen, den wir an uns selbst erleben, kann ich mir nicht einbilden. Auch ein Individuum, das seinen körperlichen Tod überdauert, mag und kann ich mir nicht denken; mögen schwache Seelen aus Angst oder lächerlichem Egoismus solche

Gedanken nähren. Mir genügt das Mysterium der Ewigkeit des Lebens und das Bewußtsein und die Ahnung von dem wunderbaren Bau des Seienden sowie das ergebene Streben nach dem Begreifen eines noch so winzigen Teiles der in der Natur sich manifestierenden Vernunft.

WB 7–10

Meine Beteiligung an der Erzeugung der Atombombe

Meine Beteiligung an der Erzeugung der Atombombe bestand in einer einzigen Handlung: Ich unterzeichnete einen Brief an Präsident Roosevelt, in dem die Notwendigkeit betont wurde, Experimente im Großen anzustellen zur Untersuchung der Möglichkeit der Herstellung einer Atombombe.

Ich war mir der furchtbaren Gefahr wohl bewußt, welche das Gelingen dieses Unternehmens für die Menschheit bedeutete. Aber die Wahrscheinlichkeit, daß die Deutschen am selben Problem mit Aussicht auf Erfolg arbeiten dürften, hat mich zu diesem Schritt gezwungen. Es blieb mir nichts anderes übrig, *obwohl ich stets ein überzeugter Pazifist gewesen bin.* Töten im Kriege ist nach meiner Auffassung um nichts besser als gewöhnlicher Mord.

Solange aber die Nationen nicht dazu entschlossen sind, durch gemeinsame Aktion den Krieg abzuschaffen und durch friedliche Entscheidungen auf gesetzlicher Basis ihre Konflikte zu lösen und ihre Interessen zu schützen, werden sie sich genötigt sehen, sich auf den Krieg vorzubereiten. Sie sehen sich dann genötigt, alle, auch die verabscheuungswürdigsten Kampfmittel vorzubereiten, um im allgemeinen Wettrüsten nicht überflügelt zu werden. Dieser Weg führt mit Notwendigkeit zum Kriege, der unter den heutigen Verhältnissen allgemeine Vernichtung bedeutet.

Unter diesen Umständen hat die Bekämpfung der *Mittel* keine Aussicht auf Erfolg. Nur die radikale Abschaffung der Kriege und der Kriegsgefahr kann helfen. Dafür soll man arbeiten und dazu entschlossen sein, sich nicht zu Handlungen zwingen zu lassen, die diesem Ziel zuwiderlaufen. Dies ist eine harte Forderung an das Individuum, das sich seiner sozialen Abhängigkeit bewußt ist. Aber es ist keine unerfüllbare Forderung.

Gandhi, der größte politische Genius unserer Zeit, hat den Weg gewiesen und gezeigt, welcher Opfer Menschen fähig sind, wenn sie den richtigen Weg erkannt haben. Sein Befreiungswerk für Indien ist ein lebendiges Zeugnis dafür, daß der von fester Überzeugung beherrschte Wille stärker ist als scheinbar unüberwindliche materielle Macht. SJ 168 f.

Selbstporträt

Ich habe in einem langen Leben all meine bescheidenen Kräfte dazu verwandt, der Natur etwas von ihren Geheimnissen abzulauschen. Nie habe ich systematisch daran gearbeitet, das Los der Menschen zu verbessern, Ungerechtigkeit und Unterdrückung zu bekämpfen und die traditionellen Formen menschlichen Zusammenlebens zu verbessern. Das Einzige, was ich tat, war dies: ich habe in langen Zeitabständen eine Meinung über Zustände in der Öffentlichkeit geäußert, wenn diese mir so schlimm und geschmacklos zu sein schienen, daß ich mich geschämt habe, mich durch Schweigen zum Mitschuldigen zu machen. Daß sich solche Anlässe in den letzten Jahren gehäuft haben, hing wahrlich nicht von mir ab. Frieden 595

Was am eigenen persönlichen Dasein für einen selbst wesentlich ist, das weiß man selber kaum, und den andern braucht es erst recht nicht zu kümmern. Was weiß der Fisch von dem Wasser, in dem er sein Leben lang herumschwimmt?

Das Bittere und das Süße kam von außen, das Harte von innen, aus dem eigenen Streben. Ich tat in der Hauptsache, wozu mich die eigene Natur trieb. Beschämend war es, dafür so viel Achtung und Liebe zu empfangen. Auch Pfeile des Hasses wurden nach mir geschossen; sie trafen mich aber nie, weil sie gewissermaßen zu einer andern Welt gehörten, zu der ich keine Beziehungen habe.

Ich lebte in jener Einsamkeit, die in der Jugend schmerzlich, in den Jahren der Reife aber köstlich ist.

SJ 13

Ich selbst hingegen neigte immer mehr zur Einsamkeit, ein Zug, der sich mit dem Alter zu verstärken pflegt. Es ist seltsam, wenn man so allgemein bekannt und dabei einsam ist. Aber Tatsache ist, daß diese Art Popularität, wie sie bei mir sich eingestellt hat, den Betroffenen in eine Verteidigungsposition drängt, die zur Isolierung führt.

Wir haben gewaltige politische Erdbeben erleben müssen und werden noch weitere erleben, wenn wir nicht rechtzeitig abberufen werden. Es bleibt im Wesentlichen immer gleich: die Völker gehen immer wieder in die Falle, weil die atavistischen Triebe stärker sind als die Überlegungen und erworbenen Überzeugungen. Und der alte Lichtenberg sagte mit Recht: Erfahrung macht nicht klug, weil jede neue Torheit in einem neuen Lichte erscheint. Frieden 565

Alles Mögliche wird einem angedichtet, und der pfiffig erfundenen Legenden ist kein Ende. Umsomehr aber weiß ich das Echte zu würdigen und zu schätzen.

Dazu bin ich in meiner neuen Heimat zu einer Art enfant terrible geworden, weil ich nicht imstande bin, alles schweigend zu schlucken, was sich da zuträgt. Auch finde ich, daß die Alten, die kaum mehr etwas zu verlieren haben, für die viel mehr gehemmten Jungen das Maul aufreißen müssen. Ein bißchen, denkt man, mag es ja vielleicht doch helfen.

Merkwürdig ist es, daß die ehemals noch ziemlich harmlos erscheinende Wissenschaft sich zu einem Alptraum ausgewachsen hat und alle erzittern läßt. Und die Angst ist der schlechteste aller Ratgeber. Frieden 598 f.

Wenn einer fragt, „Wozu sollen wir einander fördern, einander das Leben erleichtern, schöne Musik machen und feine Gedanken zu erzeugen suchen?“, so wird man ihm sagen müssen: „Wenn du's nicht spürst, kann dir's niemand erklären.“ Ohne dies Primäre sind wir nichts und lebten wir am besten gar nicht. Wenn einer auch einen Begründungsversuch machen wollte, in dem er zu beweisen sucht, daß diese Dinge das Dasein der menschlichen Art erhalten und fördern helfen, so erhebt sich erst recht die Frage des „Wozu?", und die Antwort auf „wissenschaftlicher" Grundlage wäre noch viel hoffnungsloser. Wenn man also um jeden Preis wissenschaftlich vorgehen will, so kann man versuchen, unsere Ziele auf möglichst wenige zurückzuführen, die anderen dann daraus abzuleiten. Born 32 f.

Personenkult

Personenkultus ist in meinen Augen stets etwas Unberechtigtes. Wohl verteilt die Natur ihre Gaben reichlich verschieden unter ihre Kinder. Aber auch von den Wohlgeratenen gibt es gottlob viele, und ich bin fest davon überzeugt, daß die meisten davon ein stilles und unbemerktes Dasein führen. Es erscheint mir nicht gerecht, ja nicht einmal geschmackvoll, wenn von diesen einige wenige maßlos bewundert werden, indem man ihnen übermenschliche Kräfte des Geistes und Charakters andichtet. Dies ist nun gerade mein Schicksal geworden, und es besteht ein grotesker Gegensatz zwischen dem, was mir die Menschen an Fähigkeit und Leistung zuschreiben, und dem, was ich wirklich bin und vermag. Das Bewußtsein von diesem sonderbaren Sachverhalt wäre nicht zu ertragen, wenn es nicht einen schönen Trost dabei gäbe: Es ist ein erfreuliches Zeichen für unsere als materialistisch gescholtene Zeit, daß sie aus Menschen Heroen gestaltet, deren Ziele ausschließlich auf geistigem und moralischem Gebiet liegen. Dies beweist, daß Erkenntnis und Gerechtigkeit von einem großen Teil der Menschen über Besitz und Macht gestellt werden. WB 41 f.

Über meine Arbeit

Mein wissenschaftliches Werk ist begründet in einem unwiderstehlichen Verlangen, die Geheimnisse der Natur zu verstehen, und durch keine andern Gefühle. Meine Gerechtigkeitsliebe und der Kampf um eine Verbesserung der menschlichen Lebensbedingungen haben mit meinen wissenschaftlichen Interessen gar nichts zu tun. Briefe 18 f.

Ich sollte ursprünglich auch Techniker werden. Aber der Gedanke, die Erfindungskraft auf Dinge verwenden zu sollen, welche das werktägliche Leben noch raffinierter machen, mit dem Ziel öder Kapitalschinderei, war mir unerträglich. Das Denken um seiner selbst willen wie die Musik! ... Wenn ich kein Problem zum Nachdenken habe, dann leite ich mit Vorliebe mathematische und physikalische Sätze wieder ab, die mir längst bekannt sind. Hier ist also gar kein *Ziel* da, sondern nur eine Gelegenheit, um sich der angenehmen Tätigkeit des Denkens hinzugeben. Briefe 18

Wissenschaft ist eine wunderbare Sache, wenn man nicht davon leben muß. Den Lebensunterhalt verdienen durch eine Arbeit, von der man sicher ist, daß man sie zu tun fähig ist. Dann allein kann man sich freuen an wissenschaftlichem Streben, für das man niemand Rechenschaft schuldet. Briefe 54f.

Mein Glaubensbekenntnis

Zu den Menschen zu gehören, die ihre besten Kräfte der Betrachtung und Erforschung objektiver, nicht zeitgebundener Dinge widmen dürfen und können, bedeutet eine besondere Gnade. Wie froh und dankbar bin ich, daß ich dieser Gnade teilhaftig geworden bin, die weitgehend vom persönlichen Schicksal und vom Verhalten der Nebenmenschen unabhängig macht. Aber diese Unabhängigkeit darf uns nicht blind machen gegen die Erkenntnis der Pflichten, die uns unaufhörlich an die frühere, gegenwärtige und zukünftige Menschheit binden.

Seltsam erscheint unsere Lage auf dieser Erde. Jeder von uns erscheint da unfreiwillig und ungebeten zu kurzem Aufenthalt, ohne zu wissen, warum und wozu. Im täglichen Leben fühlen wir nur, daß der Mensch um anderer willen da ist, solcher, die wir lieben, und zahlreicher anderer, ihm schicksalsverbundener Wesen.

Oft bedrückt mich der Gedanke, in welchem Maße mein Leben auf der Arbeit meiner Mitmenschen aufgebaut ist, und ich weiß, wieviel ich ihnen schulde.

Ich glaube nicht an die Freiheit des Willens. Schopenhauers Wort: „Der Mensch kann wohl tun, was er will, aber er kann nicht wollen, was er will", begleitet mich in allen Lebenslagen und versöhnt mich mit den Handlungen der Menschen, auch wenn sie mir recht schmerzlich sind. Diese Erkenntnis von der Unfreiheit des Willens schützt mich davor, mich selbst und die Mitmenschen als handelnde und urteilende Individuen allzu ernst zu nehmen und den guten Humor zu verlieren.

Nach Wohlleben und Luxus strebte ich nie und habe sogar ein gut Teil Verachtung dafür. Meine Leidenschaft für soziale Gerechtigkeit hat mich oft in Konflikt mit den Menschen gebracht, ebenso meine Abneigung gegen jede Bindung und Abhängigkeit, die mir nicht absolut notwendig erschien. Ich achte stets das Individuum und hege eine unüberwindliche Abneigung gegen Gewalt und gegen Vereinsmeierei. Aus allen diesen Motiven bin ich leidenschaftlicher Pazifist und Antimilitarist, lehne jeden Nationalismus ab, auch wenn er sich nur als Patriotismus gebärdet.

Aus Stellung und Besitz entspringende Vorrechte sind mir immer ungerecht und verderblich erschienen, ebenso ein übertriebener Personenkultus. Ich bekenne mich zum Ideal der Demokratie, trotzdem mir die Nachteile demokratischer Staatsform wohlbekannt sind. Sozialer Ausgleich und wirtschaftlicher Schutz des Individuums erschienen mir stets als wichtige Ziele der staatlichen Gemeinschaft.

Ich bin zwar im täglichen Leben ein typischer Einspänner, aber das Bewußtsein, der unsichtbaren Gemeinschaft derjenigen anzugehören, die nach Wahrheit, Schönheit und Gerechtigkeit streben, hat das Gefühl der Vereinsamung nicht aufkommen lassen.

Das Schönste und Tiefste, was der Mensch erleben kann, ist das Gefühl des Geheimnisvollen. Es liegt der Religion sowie allem tieferen Streben in Kunst und Wissenschaft zugrunde. Wer dies nicht erlebt hat, erscheint mir, wenn nicht wie ein Toter, so doch wie ein Blinder. Zu empfinden, daß hinter dem Erlebbaren ein für unseren Geist Unerreichbares verborgen sei, dessen Schönheit und Erhabenheit uns nur mittelbar und in schwachem Widerschein erreicht, das ist Religiosität. In diesem Sinne bin ich religiös. Es ist mir genug, diese Geheimnisse staunend zu ahnen und zu versuchen, von der erhabenen Struktur des Seienden in Demut ein mattes Abbild geistig zu erfassen.

Ein Haus 411–413

Illusion der Sicherheit

Wir Menschen leben gewöhnlich in der Illusion einer Sicherheit und eines Zuhause-Seins in einer vertraut anmutenden physischen und menschlichen Umgebung. Wenn aber der Gang des Alltäglichen, Erwarteten unterbrochen wird, bemerken wir, daß wir sind wie Schiffbrüchige, die im offenen Meer auf einer elenden Planke balancieren und vergessen haben, woher sie kommen, und nicht wissen, wohin sie treiben. Wenn man sich aber einmal in diese Erkenntnis wirklich hineingefunden hat, lebt sichs leichter, und es gibt keine einzige Enttäuschung mehr.

Briefe 69

Über das Älterwerden

Es ist eine merkwürdige Sache mit dem Altwerden, indem man die intime Verwachsenheit mit dem Hier und dem Jetzt allmählich verliert und sich mehr oder weniger allein in die Unendlichkeit hineingestellt empfindet, nicht mehr hoffend und fürchtend, sondern nur mehr schauend.

Auch wird einem klar, daß die furchtbare Erschwerung des Daseins, die die Menschen einander bereiten, nicht irgendwelchen besonderen Ursachen zuzuschreiben ist, sondern der unabänderlichen Anlage, die wir als Erbe mitbekommen haben. Die Alten, besonders die Griechen, haben dies deutlich vor Augen gehabt und nicht immer wieder die Rettung in einer neuen Medizin gesucht. Die Europäer haben übrigens immer noch mehr von dieser Einsicht als die hiesigen Menschen; diese glauben nicht nur zu wissen, was sein soll, sondern fühlen es auch als ihre Aufgabe, es durchzusetzen. Dieser Zustand kindlicher Illusion wäre ganz hübsch, wenn er nicht mit einem Übermaß der Macht verbunden wäre. Frieden 586f.

Was den älteren Menschen erfrischend beleben kann, ist die Freude am Treiben der Jungen, eine Freude, die in diesen verworrenen Zeiten allerdings durch bange Ahnungen verdüstert wird. Und doch erweckt die Sonne des Frühlings neues Leben wie früher, und wir dürfen uns darüber freuen und zur Entfaltung dieses Lebens beitragen, und Mozart ist so schön und zart geblieben, wie er immer war und sein wird. Es gibt doch etwas Ewiges, das der Hand des Schicksals und aller menschlichen Verblendung entrückt ist. Und diese ewigen Dinge stehen dem älteren Menschen näher als dem zwischen Furcht und Hoffnung pendelnden jüngeren Menschen. Uns bleibt es vorbehalten, das Schöne und Wahre am reinsten zu erleben.

Haben Sie je die Maximen von La Rochefoucauld gelesen; sie scheinen sehr herb und düster, bringen aber durch ihre Objektivierung der menschlichen und allzumenschlichen Natur eine seltsame Befreiung. Da hat sich einer frei gemacht, der es nicht leicht gehabt hat, das schwere Gepäck von Leidenschaft loszuwerden, das ihm die Natur auf den Lebensweg mitgab. Briefe 50f.

Die Einheit von Leben und Tod

... und doch ist der Tod eines vom Alter Gebeugten eine Erlösung für ihn; ich kann es lebhaft fühlen, weil ich selber alt geworden bin und den Tod empfinde wie eine alte Schuld, die man endlich entrichtet. Dabei tut man doch instinktiv alles Mögliche, um diese letzte Erfüllung hinauszuschieben. So ist das Spiel, das die Natur mit uns treibt. Wir mögen selber darüber lächeln, daß wir so sind, aber wir können uns doch nicht frei machen von jenen Instinkten, denen wir alle unterworfen sind. Frieden 610

Es gibt aber doch Stunden, in denen man von der inneren Verbundenheit mit menschlicher Unzulänglichkeit befreit ist. Man steht dann auf irgend einem Fleck eines kleinen Planeten und sieht staunend die kalte und doch so ergreifende Schönheit des Ewigen, in seiner Tiefe Unergründlichen. Da fließt Leben und Tod zur Einheit zusammen, und es gibt kein Werden und kein Schicksal, sondern nur ein Sein. Frieden 297

Die Verantwortung von Wissenschaft und Kunst

Das Ziel wissenschaftlichen Denkens

Sollen wir die Erkenntnis der Wahrheit oder bescheidener ausgedrückt, das Begreifen der erfahrbaren Welt durch konstruktives logisches Denken als ein selbständiges Ziel unseres Strebens wählen? Oder soll dies Streben nach vernünftiger Erkenntnis irgendwelchen andersartigen, zum Beispiel „praktischen" Zielen untergeordnet werden? Das bloße Denken hat kein Mittel, diese Frage zu entscheiden. Die Entscheidung hat aber erheblichen Einfluß auf unser Denken und unsere Werte, vorausgesetzt, daß sie den Charakter unerschütterlicher Überzeugung haben. Lassen Sie mich also bekennen: Für mich ist das Streben nach Erkenntnis eines von denjenigen selbständigen Zielen, ohne welche für den denkenden Menschen eine bewußte Bejahung des Daseins nicht möglich erscheint.

Es liegt im Wesen des Erkenntnisdranges, daß er sowohl die weitgehende Bewältigung der Erfahrungs-Mannigfaltigkeit als auch die Einfachheit und Sparsamkeit der Grundhypothesen anstrebt. Die endliche Vereinbarkeit dieser Ziele ist bei dem primitiven Zustand unseres Forschens eine Sache des Glaubens. Ohne solchen Glauben wäre für mich die Überzeugung vom selbständigen Werte der Erkenntnis nicht kräftig und unerschütterlich.

Diese sozusagen religiöse Einstellung des wissenschaftlichen Menschen zur Wahrheit ist nicht ohne Einfluß auf die Gesamtpersönlichkeit. Denn außer dem durch die Erfahrung Gegebenen und den Denkgesetzen gibt es für den Forscher im Prinzip keine Autorität, deren Entscheidungen oder Mitteilungen an sich den Anspruch auf „Wahrheit" erheben können. Dadurch entsteht die Paradoxie, daß ein Mensch, der seine besten Kräfte objektiven Dingen widmet, sozial betrachtet zum extremen Individualisten wird, der sich – im Prinzip wenigstens – auf nichts verläßt als auf sein eigenes Urteil. Man kann sogar sehr wohl die Ansicht vertreten, daß intellektueller Individualismus und wissenschaftliches Streben in der Geschichte zusammen erstmals aufgetreten und unzertrennlich geblieben sind.

Nun kann man sagen, daß der so skizzierte wissenschaftliche Mensch von heute nichts weiter sei als eine bloße Abstraktion, die man in dieser Welt nicht in Fleisch und Blut vorfindet, etwas Analoges zu dem homo economicus der klassischen Ökonomie. Es scheint mir aber, daß etwas wie die Wissenschaft, wie wir sie heute vor uns haben, nicht hätte entstehen und lebenskräftig bleiben können, wenn der wissenschaftliche Mensch nicht wenigstens in beträchtlicher Näherung in vielen Individuen viele Jahrhunderte hindurch tatsächlich existiert hätte.

Natürlich sehe ich nicht einen wissenschaftlichen Menschen in jedem, der Werkzeuge und Methoden anzuwenden gelernt hat, die direkt oder indirekt als „wissenschaftlich" erscheinen. Nur jene sind gemeint, in welchen die wissenschaftliche Mentalität wirklich lebendig ist.

Wie steht nun der wissenschaftliche Mensch von heute im sozialen Körper der Menschheit? Er ist wohl irgendwie stolz darauf, daß die Arbeit von seinesgleichen, wenn auch zumeist indirekt, das wirtschaftliche Leben der Menschen durch die weitgehende Eliminierung der Muskelarbeit total umgestaltet hat. Er ist auch wohl bedrückt darüber, daß seine Forschungsergebnisse eine akute Bedrohung der Menschheit mit sich gebracht haben, nachdem die Früchte dieser Forschung in die Hände seelenblinder Träger der politischen Gewalt gefallen sind. Er ist sich des Umstandes bewußt, daß die auf seinen Forschungen fussenden technischen Methoden zu einer Konzentration der wirtschaftlichen und damit auch der politischen Macht in die Hände kleiner Minoritäten geführt haben, von deren Manipulation das Schicksal des immer mehr amorph erscheinenden Haufens der Individuen völlig abhängig geworden ist. Noch mehr: Jene Konzentration der wirtschaftlichen und politischen Macht in wenigen Händen hat nicht nur eine äußere materielle Abhängigkeit auch des wissenschaftlichen Menschen mit sich gebracht: sie bedroht auch seine Existenz von innen, indem sie durch die Schaffung raffinierter Mittel geistiger und seelischer Beeinflussung den Nachwuchs unabhängiger Persönlichkeiten unterbindet.

So sehen wir an dem wissenschaftlichen Menschen ein wahrhaft tragisches Schicksal sich vollziehen. Getragen von dem Streben nach Klarheit und innerer Unabhängigkeit, hat er durch seine schier übermenschlichen Anstrengungen die Mittel zu seiner äußeren Versklavung und seiner Vernichtung von innen her geschaffen. Von den Trägern der politischen Macht muß er sich einen Maulkorb anhängen lassen. Er wird gezwungen, als Soldat sein eigenes Leben zu opfern und fremdes Leben zu zerstören, auch wenn er von der Sinnlosigkeit solchen Opfers überzeugt ist. Er sieht zwar mit aller Klarheit, daß der historisch bedingte Umstand, daß die Nationalstaaten die Träger der wissenschaftlichen, politischen und damit auch der militärischen Macht sind, zur Vernichtung aller führen muß. Er weiß, daß nur die Ablösung der Methoden der nackten Gewalt durch eine übernationale Rechtsordnung die Menschen noch retten kann. Aber es ist schon so weit mit ihm gekommen, daß er die von den Nationalstaaten über ihn verhängte Sklaverei als unabwendbares Schicksal hinnimmt. Er erniedrigt sich sogar so weit, daß er auf Befehl die Mittel für die allgemeine Vernichtung der Menschen weiter zu vervollkommnen hilft.

Muß der wissenschaftliche Mensch wirklich alle diese Erniedrigungen über sich ergehen lassen? Ist die Zeit vorbei, in der seine innere Freiheit und die Selbständigkeit seines Denkens und Forschens das Leben der Menschen hat erhellen und bereichern dürfen? Hat er nicht in einem nur aufs Intellektuelle eingestellten Streben seine Verantwortlichkeit und Würde vergessen? Ich antworte: Einen innerlich freien und gewissenhaften Menschen kann man zwar vernichten, aber nicht zum Sklaven oder zum blinden Werkzeug machen.

Wenn der wissenschaftliche Mensch unserer Tage Zeit und Mut fände, seine Situation und seine Aufgabe ruhig und kritisch zu erwägen und entsprechend zu handeln, so würden die Aussichten auf eine vernünftige und befriedigende Lösung der gegenwärtigen gefahrvollen internationalen Situation wesentlich verbessert werden.

Frieden 533–535

Das Fundament der Physik

Wissenschaft ist der Versuch, der chaotischen Mannigfaltigkeit der Sinneserlebnisse ein logisch einheitliches gedankliches System zuzuordnen; in diesem System sollen die einzelnen Erlebnisse derart ihr gedanklich-theoretisches Korrelat finden, daß die Zuordnung eindeutig und überzeugend erscheint.

Sinnerlebnisse finden wir vor. Sie sind das unverrückbar Gegebene. Das Gedankliche aber, das uns zu dieser Erfassung dient, ist Menschenwerk, Ergebnis eines äußerst mühevollen Anpassungsprozesses, hypothetisch, niemals völlig gesichert, stets gefährdet und in Frage gestellt.

Die wissenschaftliche Begriffsbildung und Methode unterscheidet sich von der des Alltags lediglich durch größere Schärfe der Begriffe und Schlüsse, durch sorgfältigere und systematischere Auswahl des Erfahrungsmaterials sowie durch Sparsamkeit im logischen Sinne. Hierunter sei das Bestreben verstanden, alle Begriffe und Relationen auf möglichst wenige, logisch voneinander unabhängige Grundbegriffe und Axiome zurückzuführen.

Physik ist diejenige Gruppe von Erfahrungswissenschaften, die ihre Begriffe auf das Messen gründet, und deren Begriffe und Sätze sich mathematisch konstruieren lassen. Ihr Bereich ist also durch die Methode gegeben, als der Inbegriff der Erfahrungsinhalte, die sich mathematisch erfassen lassen. Mit ihrem Fortschreiten hat sich der Bereich der Physik so erweitert, daß sie uns an jene Grenzen gebunden erscheint, die in ihrer Methode selbst liegen.

Der größte Teil der physikalischen Forschungsarbeit ist dem Ausbau von Einzelwissenschaften gewidmet, deren jede die begriffliche Erfassung von mehr oder weniger engbegrenzten Erfahrungsgebieten zum Gegenstand hat, und deren Begriffe und Gesetze dem Erlebnis möglichst nahe bleiben. Dieser Teil der Wissenschaft mit seiner stets wachsenden Spezialisierung ist es, der für das praktische Leben in den letzten Jahrhunderten von so umwälzender Wirkung gewesen ist und der die Möglichkeiten für die Befreiung der Menschen von der Last der physischen Arbeit geschaffen hat.

Daneben bestand aber auch von Anfang an das Bestreben, eine alle diese Einzelwissenschaften vereinigende theoretische Basis aufzufinden, bestehend aus einem Minimum von Begriffen und Grundrelationen, aus denen alle Begriffe und Relationen der Einzelwissenschaften sich auf rein logischem Wege sollen ableiten lassen. Es ist das Suchen nach einem Fundament der ganzen Physik. Das Vertrauen in die Erreichbarkeit dieses höchsten Zieles ist eine Hauptquelle der leidenschaftlichen Hingabe, welche die Forscher von jeher beseelt hat. SJ 106–108

Über wissenschaftliche Wahrheit

1. Es ist schon nicht leicht, mit dem Wort „Wissenschaftliche Wahrheit" einen klaren Sinn zu verbinden. So ist der Sinn des Wortes „Wahrheit" verschieden, je nachdem es sich um eine Erlebnistatsache, einen mathematischen Satz oder eine naturwissenschaftliche Theorie handelt. Unter „religiöser Wahrheit" kann ich mir etwas Klares überhaupt nicht denken.

2. Wissenschaftliche Forschung kann durch Förderung des kausalen Denkens und Überschauens den Aberglauben vermindern. Es ist gewiß, daß eine mit religiösem Gefühl verwandte Überzeugung von der Vernunft bzw. Begreiflichkeit der Welt aller feineren wissenschaftlichen Arbeit zugrunde liegt.

3. Jene mit tiefem Gefühl verbundene Überzeugung von einer überlegenen Vernunft, die sich in der erfahrbaren Welt offenbart, bildet meinen Gottesbegriff; man

kann ihn also in der üblichen Ausdrucksweise als „pantheistisch" (Spinoza) bezeichnen.

4. Konfessionelle Traditionen kann ich nur historisch und psychologisch betrachten; ich habe zu ihnen keine andere Beziehung. WB 171

Wissenschaftliches Denken und emotionelles Erleben

Die wissenschaftliche Denkweise ist von solcher Art, daß die den systematischen Zusammenhang bedingenden Begriffe keine Beziehung zum emotionellen Erleben haben. Da gibt es nur ein „So-Sein", aber kein Wollen, kein Werten, kein Gut und kein Schlecht, kein Ziel. Solange wir uns auf dem eigentlich wissenschaftlichen Gebiet bewegen, können wir daher niemals einem Satz begegnen von der Art: Du sollst nicht lügen! Die sozusagen puritanische Einstellung des Wahrheitssuchers mit Bezug auf das Emotionelle und Voluntaristische ist übrigens das Resultat einer langsamen Entwicklung, ein charakteristischer Zug des modernen abendländischen Denkens.

Demgemäß könnte es scheinen, als ob logisches Denken auf ethischem Gebiete keinen Platz hätte. Die wissenschaftlichen Aussagen, die sich auf das Konstatieren von Sachverhalten und von Beziehungen zwischen diesen beschränken, können allerdings keine ethischen Vorschriften liefern. Aber logisches Denken und wissenschaftliche Erfahrungen können ethische Vorschriften in einen vernünftigen Zusammenhang bringen. Aus ethischen Sätzen, auf die man sich geeinigt hat, können andere gefolgert werden, falls diese ethischen Prämissen nur scharf genug formuliert sind. Diese ethischen Prämissen spielen in der Ethik im Prinzip eine ähnliche Rolle wie etwa die Axiome in einer mathematischen Disziplin.

Damit hängt es zusammen, daß man Fragen wie „Warum soll man nicht lügen?" durchaus nicht als sinnlos empfindet. Dies ist natürlich darin begründet, daß bei einer Diskussion solcher Art gewisse ethische Prämissen stillschweigend vorausgesetzt werden und daß wir es als befriedigende Antwort empfinden, wenn eine logische Zurückführung auf solche Prämissen gelungen zu sein scheint. Im Falle des Lügens mag dies etwa so geschehen: Lügen zerstört Vertrauen in Aussagen anderer. Ohne solches Vertrauen ist gesellschaftliche Zusammenarbeit unmöglich oder wenigstens sehr erschwert. Solche Zusammenarbeit ist aber nötig, um das Leben der Menschen möglich bzw. erträglich zu machen. Also Zurückführen auf Forderungen wie „das Leben der Menschen soll erhalten werden" oder „Schmerz und Mühsal sollen möglichst eingeschränkt werden".

Wo aber stammen solche ethischen Axiome her? Sind sie willkürlich? Sind sie auf bloße Autorität gegründet? Stammen sie aus menschlichen Erfahrungen, durch welche sie indirekt bedingt werden?

Vom rein logischen Standpunkt sind Axiome stets willkürlich, also auch die ethischen Axiome; psychologisch und genetisch betrachtet sind sie aber keineswegs willkürlich. Sie stammen aus dem angeborenen Streben, Schmerz und Vernichtung zu vermeiden, aus den gehäuften emotionellen Reaktionen der Individuen auf das Verhalten der Nebenmenschen. Der Versuch, hinreichend umfassende und hinreichend fundierte ethische Axiome aufzustellen, welche die Menschen auf Grund der unübersehbaren Masse ihrer emotionellen Einzelerlebnisse zu akzeptieren bereit sind, ist den moralischen Genies der Menschheit vorbehalten. Es ist damit nicht viel anders als mit den Axiomen der Wissenschaft. Die „Wahrheit" liegt in der Bewährung. SJ 54f.

Exakte Wissenschaft und Menschheit

Es gibt zweierlei Wirkungsarten der Wissenschaft auf die menschliche Entwicklung. Die erste ist jedermann geläufig: Die Wissenschaft erzeugt direkt und noch mehr indirekt Hilfsmittel, die das menschliche Dasein völlig umgestaltet haben. Die zweite Art der Wirkung ist eine erzieherische, eine Wirkung auf den Geist, nicht weniger durchgreifend als die erstgenannte, wenn auch der flüchtigen Betrachtung sich weniger unmittelbar darbietend. Laßt uns beiden eine kurze Betrachtung widmen.

Die auffallendste praktische Auswirkung der Wissenschaft liegt darin, daß sie die Erfindung von Gegenständen ermöglichte, die das Leben bereichert, aber auch kompliziert haben. Dampfmaschine, Eisenbahn, elektrische Kraftanlagen, Beleuchtung, Telegraphie, Radio, Auto, Flugzeug, Dynamit etc. Dazu kommen die lebenserhaltenden Errungenschaften der Biologie und Medizin, insbesondere auch die Darstellung der schmerzstillenden Mittel, die sterile Aufbewahrung von Nahrungsmitteln. Die größte praktische Wohltat all dieser Erfindungen aber sehe ich in der Befreiung der Menschen von einem Übermaß mechanischer Muskelarbeit, deren Leistung früher für die Erhaltung der nackten Existenz einfach unentbehrlich war. Insoweit heute von einer Abschaffung der Sklaverei wirklich gesprochen werden kann, verdanken wir sie den praktischen Auswirkungen der Wissenschaft.

Andererseits hat die Technik – d. h. die angewandte Wissenschaft – die Menschheit vor wahrhaft ernste Probleme gestellt, von deren befriedigender Lösung geradezu die Fortexistenz der Menschheit abhängt. Es gilt, jene gesellschaftlichen Organisationen und Traditionen zu schaffen, ohne welche die neuen Werkzeuge Katastrophen schlimmster Art mit sich bringen müssen.

Die mechanischen Produktionsmittel haben bei der unorganisierten Wirtschaft dazu geführt, daß ein erheblicher Teil der Menschen für die Gütererzeugung nicht gebraucht und dadurch aus dem wirtschaftlichen Kreislauf ausgestoßen wird. Schwächung an Kaufkraft und Entwertung der Arbeit durch übermäßige Konkurrenz sind die unmittelbare Folge, aus der in sinkenden Zeitintervallen die schwersten Lähmungen der Güterproduktion erwachsen. Andererseits verleiht der Besitz an Produktionsmitteln eine Macht, gegen welche die traditionellen Schutzmittel unserer politischen Organisationen nicht aufkommen können. Wir stehen mitten im Ringen der Menschheit um Anpassung an diese neuen Verhältnisse; dieses Ringen kann eine wahre Befreiung bringen, wenn sich die Menschheit der Aufgabe gewachsen zeigen wird.

Ferner hat die Technik die Entfernungen verkürzt und neue, ungemein wirksame Zerstörungsmittel geschaffen, welche im Besitz unbeschränkte Handlungsfreiheit beanspruchender Nationen die Sicherheit und den Bestand der Menschheit bedrohen. Diese Umstände verlangen eine zentrale richterliche und Exekutivgewalt für den ganzen Planeten, deren Errichtung sich die nationalen

Traditionen verzweifelt widersetzen. Auch hier stehen wir mitten in einem Kampf, dessen Ausgang das Schicksal aller entscheidet.

Endlich haben die Verkehrsmittel, die Reproduktionsverfahren für das gedruckte Wort und das Radio in Verbindung mit den modernen Waffen es möglich gemacht, die Seelen und Leiber in eine Abhängigkeit von einer Zentralstelle zu bringen, welche eine dritte Gefahr für die Menschheit bedeutet. Die modernen Despotien und ihre destruktiven Wirkungen zeigen deutlich, daß wir weit davon entfernt sind, diese Errungenschaften zum Heile der Menschheit organisatorisch zu verwerten. Auch hier wird durch die Umstände eine internationale Lösung gefordert, ohne daß die psychologischen Vorbedingungen hierfür erfüllt wären.

Wenden wir nun unsere Aufmerksamkeit der geistigen Wirkung zu, die von der Wissenschaft ausgeht. In der vorwissenschaftlichen Zeit gelang es nicht, durch Denken zu Ergebnissen zu gelangen, die von allen Menschen als sicher und notwendig empfunden wurden. Noch weniger gab es eine Überzeugung von einer strengen Gesetzlichkeit, welcher das Geschehen in der Natur unterworfen sei. Die Unvollständigkeit der Gesetzlichkeit in der Natur, wie sie sich dem primitiven Beobachter darbot, leistete dem Gespenster- und Aberglauben Vorschub. Deshalb lebt noch heute der primitive Mensch in steter Angst vor dem Eingriff überirdischer, willkürlich wirkender Gewalten in sein Schicksal.

Diese Unsicherheit des menschlichen Geistes sich selbst und der Natur gegenüber überwunden zu haben, ist die große Wirkung der Wissenschaft auf den menschlichen Geist. Die Griechen schufen in der Elementar-Mathematik erstmalig ein Gedankensystem, dessen Schlüssen sich niemand entziehen konnte. Die Forscher der Renaissance erfanden dann die Kombination des systematischen Experimentes mit der mathematischen Methode. Durch diese Verbindung ließ sich eine solche Schärfe in der Formulierung von Naturgesetzen und eine solche Sicherheit in ihrer Kontrolle durch die Erfahrung erzielen, daß ein Naturwissen erzielt wurde, das alle fundamentalen Meinungsdifferenzen ausschloß. Seither baut jede Generation an dem ererbten Schatze des Wissens und Begreifens weiter, ohne daß eine Krise zu befürchten wäre, die ja das Ganze in Frage stellen könnte.

Wenn auch die Allgemeinheit die Forschung im einzelnen nur in bescheidenem Maße verfolgen kann, so hat sie doch ein Großes und Wichtiges gewonnen – das Vertrauen in die Sicherheit des menschlichen Denkens und in die Gesetzlichkeit des Naturgeschehens. SJ 17–20

Naturwissenschaft und Philosophie

Oft und gewiß nicht ohne Berechtigung ist gesagt worden, daß der Naturwissenschaftler ein schlechter Philosoph sei. Warum sollte es also nicht auch für den Physiker das Richtigste sein, das Philosophieren dem Philosophen zu überlassen? In einer Zeit, in welcher die Physiker über ein festes, nicht angezweifeltes System von Fundamentalbegriffen und Fundamentalgesetzen zu verfügen glaubten, mag dies wohl so gewesen sein, nicht aber in einer Zeit, in welcher das ganze Fundament der Physik problematisch geworden ist, wie gegenwärtig. In solcher Zeit des durch die Erfahrung erzwungenen Suchens nach einer neuen, solideren Basis kann der Physiker die kritische Betrachtung der Grundlagen nicht einfach der Philosophie überlassen, weil nur er selber am besten weiß und fühlt, wo ihn der Schuh drückt; auf der Suche nach einem neuen Fundament muß er sich über die Berechtigung beziehungsweise Notwendigkeit der von ihm benutzten Begriffe nach Kräften klar zu werden versuchen. SJ 63

Das Herz der Menschen ändern

Die Wissenschaft hat die akute Gefahr erzeugt, aber das wahre Problem liegt in den Hirnen und Herzen der Menschen. Wir werden die Herzen anderer Menschen nicht durch den Hinweis auf technische Dinge ändern. Wir müssen im Gegenteil unsere eigenen Herzen umstimmen und tapfer zur Welt sprechen. Großzügig müssen wir den anderen Völkern unser Wissen um die Kräfte der Natur vermitteln, nachdem wir Vorsichtsmaßnahmen gegen einen möglichen Mißbrauch getroffen haben. Wir müssen nicht nur willens sein, uns der für die Sicherheit der Welt nötigen bindenden Autorität zu unterwerfen, wir müssen dieses Ziel leidenschaftlich erstreben. Und wir müssen einsehen, daß wir nicht gleichzeitig für den Krieg und den Frieden planen können.

Nur wenn wir uns darüber in unseren Herzen und Köpfen klar sind, werden wir den Mut finden, die Furcht, die heute durch die Welt geistert, zu überwinden.

Frieden 398

Die Beschäftigung mit der Wissenschaft wirkt veredelnd auf Alle, die sich forschend oder auch nur lernend mit ihr beschäftigen. Sie vermag ferner durch ihre technischen Anwendungen die Menschen von abstumpfender Muskelarbeit zu befreien. Sie ist es, welche die Abschaffung der Sklaverei im eigentlichen Sinn erst möglich macht.

Die Befreiung von der Geißel des Krieges vermag die Wissenschaft allein nicht zu bringen. Sie ist einem mächtigen Werkzeug vergleichbar, das ebensogut das Leben fördern wie vernichten helfen kann. Vor den Schrecken des Krieges kann uns nichts retten als der feste Wille, ihn abzuschaffen und sich unter keinen Umständen dazu herzugeben, daß ihre Kräfte im Dienste dieser schlechten Sache mißbraucht werden. Hier gilt Luthers Wort:

„Es gibt kein Mittel, daß Ihr nicht müsset vernünftig sein." Frieden 122f.

Das Gemeinsame am künstlerischen und wissenschaftlichen Erleben

Wo die Welt aufhört, Schauplatz des persönlichen Hoffens, Wünschens und Wollens zu sein, wo wir uns ihr als freie Geschöpfe bewundernd, fragend, schauend gegenüberstellen, da treten wir ins Reich der Kunst und Wissenschaft ein. Wird das Geschaute und Erlebte in der Sprache der Logik nachgebildet, so treiben wir Wissenschaft, wird es durch Formen vermittelt, deren Zusammenhänge dem bewußten Denken unzugänglich, doch intuitiv als sinnvoll erkannt sind, so treiben wir Kunst. Beiden gemeinsam ist die liebende Hingabe an das Überpersönliche, Willensferne. Briefe 38

Der wichtigste Beitrag der Intellektuellen zur Versöhnung der Völker und zur dauernden Verbrüderung der Menschheit liegt meiner Meinung nach in ihren wissenschaftlichen und künstlerischen Schöpfungen, weil diese den Menschengeist über die persönlichen und national-egoistischen Ziele erheben. Die Konzentration der Kräfte auf jene Fragen und Ziele, die allen geistigen Menschen gemeinsam sind, erzeugt ganz von selbst ein Gefühl der Kameradschaft, das die wahren Gelehrten und Künstler aller Länder stets wieder zusammenführen muß, wenn es auch unvermeidlich ist, daß die weniger großherzigen und selbständigen Naturen unter ihnen durch politische und andere Leidenschaften zeitweise entzweit werden. Die Intellektuellen sollten nie müde werden, die Internationalität der schönsten Besitztümer der Menschheit zu betonen, niemals aber sollten ihre Korporationen sich dazu hergeben, durch öffentliche Erklärungen oder sonstige Schritte in der Öffentlichkeit den politischen Leidenschaften Vorschub zu leisten.

Endlich möchte ich bemerken, daß es nach meiner Ansicht für die Versöhnung der Völker von Wert wäre, wenn junge Studenten und Künstler in größerem Umfange als bisher im ehemals feindlichen Auslande studieren würden. Das unmittelbare Erleben wirkt am stärksten den verhängnisvollen Ideologien entgegen, die sich unter dem Einfluß des Weltkrieges in den Gehirnen festgesetzt haben. Frieden 60

Nichts kommt der psychologischen Wirkung wahrer Kunst gleich, weder eine tatsächliche Beschreibung noch intellektuelle Erörterung.

Man hat oft gesagt, die Kunst solle nicht in den Dienst politischer oder anderer praktischer Ziele gestellt werden. Diese Auffassung habe ich nie geteilt. Gewiß: es wäre völlig ungerecht, ja widerlich, einem Künstler eine bestimmte Form politischen Denkens oder Ausdrucks aufzwingen zu wollen. Oft hat das mächtige emotionelle Engagement eines Künstlers wahrhaft große Kunstwerke hervorgebracht; man denke nur an Swifts „Gullivers Reisen" oder an Daumiers unsterbliche Zeichnungen, die die Korruption der französischen Politik seiner Zeit satirisch geißeln. Frieden 555f.

Religiöse Erfahrung

Der religiöse Mensch

Statt zu fragen, was Religion sei, will ich lieber zunächst fragen, wie das Streben eines Menschen beschaffen ist, der auf mich den Eindruck eines religiösen Menschen macht: einer, der sich nach seinem besten Vermögen von den Fesseln seiner selbstischen Wünsche befreit hat und erfüllt ist von Gedanken, Gefühlen und Bestrebungen, an denen er hängt um deren außerpersönlichen Wertes willen, der erscheint mir als ein religiös erleuchteter Mensch. Auf die Stärke dieser außerpersönlichen Inhalte und auf die Tiefe der Überzeugung von deren überwältigender Bedeutung scheint es mir dabei anzukommen, unabhängig davon, ob der Versuch gemacht wird, diese Inhalte mit einer göttlichen Person in Verbindung zu bringen; denn sonst dürfte man Buddha und Spinoza nicht zu den religiösen Persönlichkeiten zählen. Ein religiöser Mensch ist demnach in dem Sinne gläubig, daß er nicht zweifelt an der Bedeutung und Erhabenheit jener außerpersönlichen Inhalte und Ziele, die einer verstandesmäßigen Begründung weder fähig sind noch bedürfen. Sie sind da mit derselben Notwendigkeit und Selbstverständlichkeit wie er selbst. Religion in diesem Sinne ist das durch die Jahrhunderte fortgesetzte Streben der Menschen, sich dieser Werte und Ziele vollständig und klar bewußt zu werden und sie zu stets verstärkter und vertiefter Wirkung zu bringen. Faßt man Religion und Wissenschaft im Sinne dieser Definitionen auf, so erscheint ein Konflikt zwischen beiden unmöglich. Denn die Wissenschaft kann nur feststellen, was *ist*, nicht aber, was sein soll; Werturteile jeder Art bleiben notwendig außerhalb ihres Bereiches. Die Religion aber hat nur mit Wertungen menschlichen Denkens und

Tuns zu schaffen; sie kann mit Recht nichts aussagen über Tatsachen und Relationen zwischen Tatsachen. Die wohlbekannten Konflikte zwischen Religion und Wissenschaft in der Vergangenheit sind nach dieser Auffassung lediglich auf eine Verkennung des geschilderten Sachverhaltes zurückzuführen.

Ein Konflikt tritt zum Beispiel ein, wenn eine religiöse Gemeinschaft die absolute Wahrheit aller Aussagen behauptet, die in der Bibel berichtet werden. Dies bedeutet einen Übergriff der Religion in die Sphäre der Wissenschaft. Hierher gehört der Kampf der Kirche gegen Galileis und Darwins Lehren. Umgekehrt haben Vertreter der Wissenschaft oft den Versuch unternommen, auf Grund wissenschaftlicher Methoden fundamentale Urteile zu gewinnen über Werte und Ziele, und sich auf diese Weise der Religion entgegengestellt. All diese Konflikte sind aus fatalen Irrtümern entsprungen.

Wenn demnach die Gebiete von Religion und Wissenschaft an sich sauber getrennt sind, so bestehen doch zwischen beiden starke Wechselbeziehungen und Abhängigkeiten. Wenn die Religion es ist, die Ziele setzt, so hat sie doch von der Wissenschaft im weitesten Sinn erfahren, welche Mittel zur Erreichung der von ihr gesetzten Ziele beitragen können. Wissenschaft aber kann nur geschaffen werden von Menschen, die ganz erfüllt sind von dem Streben nach Wahrheit und Begreifen. Diese Gefühlsbasis aber entstammt der religiösen Sphäre. Hierher gehört auch das Vertrauen in die Möglichkeit, die in der Welt des Seienden geltenden Gesetzmäßigkeiten seien vernünftig, d. h. durch die Vernunft begreifbar. Ohne solchen tiefen Glauben kann ich mir einen wirklichen Forscher nicht vorstellen. Man kann den Sachverhalt durch ein Bild ausdrücken: Wissenschaft ohne Religion ist lahm, Religion ohne Wissenschaft blind. SJ 41–43

Religion und Wissenschaft

Alles, was von den Menschen getan und erdacht wird, gilt der Befriedigung gefühlter Bedürfnisse sowie der Stillung von Schmerzen. Dies muß man sich immer vor Augen halten, wenn man geistige Bewegungen und ihre Entwicklung verstehen will. Denn Fühlen und Sehnen sind der Motor alles menschlichen Strebens und Erzeugens, mag sich uns letzteres auch noch so erhaben darstellen. Welches sind nun die Gefühle und Bedürfnisse, welche die Menschen zu religiösem Denken und zum Glauben im weitesten Sinne gebracht haben? Wenn wir hierüber nachdenken, so sehen wir bald, daß an der Wiege des religiösen Denkens und Erlebens die verschiedensten Gefühle stehen. Beim Primitiven ist es in erster Linie die Furcht, die religiöse Vorstellungen hervorruft. Furcht vor Hunger, wilden Tieren, Krankheit, Tod. Da auf dieser Stufe des Daseins die Einsicht in die kausalen Zusammenhänge gering zu sein pflegt, spiegelt uns der menschliche Geist selbst mehr oder minder analoge Wesen vor, von deren Wollen und Wirken die gefürchteten Erlebnisse abhängen. Man denkt nun, die Gesinnung jener Wesen sich günstig zu stimmen, indem man Handlungen begeht und Opfer bringt, welche nach dem von Geschlecht zu Geschlecht überlieferten Glauben jene Wesen besänftigen bzw. dem Menschen geneigt machen. Ich spreche in diesem Sinne von Furcht-Religion. Diese wird nicht erzeugt, aber doch wesentlich stabilisiert durch die Bildung einer besonderen Priesterkaste, welche sich als Mittlerin zwischen den gefürchteten Wesen und dem Volke ausgibt und hierauf eine Vormachtstellung gründet. Oft verbindet der auf andre Faktoren sich stützende Führer oder Herrscher bzw. eine privilegierte Klasse mit ihrer weltlichen Herrschaft zu deren Sicherung die priesterlichen Funktionen, oder es besteht eine Interessengemeinschaft zwischen der politisch herrschenden Kaste und der Priesterkaste.

Eine zweite Quelle religiösen Gestaltens sind die sozialen Gefühle. Vater und Mutter, Führer größerer menschlicher Gemeinschaften sind sterblich und fehlbar. Die Sehnsucht nach Führung, Liebe und Stütze gibt den Anstoß zur Bildung des sozialen bzw. des moralischen Gottesbegriffes. Es ist der Gott der Vorsehung, der beschützt, bestimmt, belohnt und bestraft. Es ist der Gott, der je nach dem Horizont des Menschen das Leben des Stammes, der Menschheit, ja das Leben überhaupt liebt und fördert, der Tröster in Unglück und ungestillter Sehnsucht, der die Seelen der Verstorbenen bewahrt. Dies ist der soziale oder moralische Gottesbegriff.

In der heiligen Schrift des jüdischen Volkes läßt sich die Entwicklung von der Furcht-Religion zur moralischen Religion schön beobachten. Ihre Fortsetzung hat sie im Neuen Testament gefunden. Die Religionen aller Kulturvölker, insbesondere auch der Völker des Orients, sind in der Hauptsache moralische Religionen. Die Entwicklung von der Furcht-Religion zur moralischen Religion bildet einen wichtigen Fortschritt im Leben der Völker. Man muß sich vor dem Vorurteil hüten, als seien die Religionen der Primitiven reine Furcht-Religionen, diejenigen der kultivierten Völker reine Moral-Religionen. Alle sind vielmehr Mischtypen, so jedoch, daß auf den höheren Stufen sozialen Lebens die Moral-Religion vorherrscht.

All diesen Typen gemeinsam ist der anthropomorphe Charakter der Gottesidee. Über diese Stufe religiösen Erlebens pflegen sich nur besonders reiche Individuen und besonders edle Gemeinschaften wesentlich zu erheben. Bei allen aber gibt es noch eine dritte Stufe religiösen Erlebens, wenn auch nur selten in reiner Ausprägung; ich will sie als kosmische Religiosität bezeichnen. Diese läßt sich demjenigen, der nichts davon besitzt, nur schwer deutlich machen, zumal ihr kein menschenartiger Gottesbegriff entspricht.

Das Individuum fühlt die Nichtigkeit menschlicher Wünsche und Ziele und die Erhabenheit und wunderbare Ordnung, welche sich in der Natur sowie in der Welt des Gedankens offenbart. Es empfindet das individuelle Dasein als eine Art Gefängnis und will die Gesamtheit des Seienden als ein Einheitliches und Sinnvolles erleben. Ansätze zur kosmischen Religiosität finden sich bereits auf früher Entwicklungsstufe, z.B. in manchen Psalmen Davids sowie bei einigen Propheten. Viel stärker ist die Komponente kosmischer Religiosität im Buddhismus, was uns besonders Schopenhauers wunderbare Schriften gelehrt haben. – Die religiösen Genies aller Zeiten waren durch diese kosmische Religiosität ausgezeichnet, die keine Dogmen und keinen Gott kennt, der nach dem Bild des Menschen gedacht wäre. Es kann daher auch keine Kirche geben, deren hauptsächlicher Lehrinhalt sich auf die kosmische Religiosität gründet. So kommt es, daß wir gerade unter den Häretikern aller Zeiten Menschen finden, die von dieser höchsten Religiosität erfüllt waren und ihren Zeitgenossen oft als Atheisten erschienen, manchmal auch als Heilige. Von diesem Gesichtspunkt aus betrachtet, stehen Männer wie Demokrit, Franziskus von Assisi und Spinoza einander nahe.

Wie kann kosmische Religiosität von Mensch zu Mensch mitgeteilt werden, wenn sie doch zu keinem geformten Gottesbegriff und zu keiner Theologie führen kann? Es scheint mir, daß es die wichtigste Funktion der Kunst und der Wissenschaft ist, dies Gefühl unter den Empfänglichen zu erwecken und lebendig zu erhalten.

So kommen wir zu einer Auffassung von der Beziehung der Wissenschaft zur Religion, die recht verschieden ist von der üblichen. Man ist nämlich nach der historischen Betrachtung geneigt, Wissenschaft und Religion als unversöhnliche Antagonisten zu halten, und zwar aus einem leichtverständlichen Grund. Wer von der kausalen Gesetzmäßigkeit allen Geschehens durchdrungen ist, für den ist die Idee eines Wesens, welches in den Gang des Weltgeschehens eingreift, ganz unmöglich – vorausgesetzt allerdings, daß er es mit der Hypothese der Kausalität wirklich ernst nimmt. Die Furcht-Religion hat bei ihm keinen Platz, aber ebensowenig die soziale bzw. moralische Religion. Ein Gott, der belohnt und bestraft, ist für ihn schon darum undenkbar, weil der Mensch nach äußerer und innerer gesetzlicher Notwendigkeit handelt, vom Standpunkt Gottes aus also nicht verantwortlich wäre, sowenig wie ein lebloser Gegenstand für die von ihm ausgeführten Bewegungen. Man hat deshalb schon der Wissenschaft vorgeworfen, daß sie die Moral untergrabe, jedoch gewiß mit Unrecht. Das ethische Verhalten des Menschen ist wirksam auf Mitgefühl, Erziehung und soziale Bindung zu gründen und bedarf keiner religiösen Grundlage. Es stünde traurig um die Menschen, wenn sie durch Furcht vor Strafe und Hoffnung auf Belohnung nach dem Tod gebändigt werden müßten.

Es ist also verständlich, daß die Kirchen die Wissenschaft von jeher bekämpft und ihre Anhänger verfolgt haben. Andererseits aber behaupte ich, daß die kosmische Religiosität die stärkste und edelste Triebfeder wissenschaftlicher Forschung ist. Nur wer die ungeheuren Anstrengungen und vor allem die Hingabe ermessen kann, ohne welche bahnbrechende wissenschaftliche Gedankenschöpfungen nicht zustande kommen können, vermag die Stärke des Gefühls zu ermessen, aus dem allein solche dem unmittelbar praktischen Leben abgewandte Arbeit erwachsen kann. Welch ein tiefer Glaube an die Vernunft des Weltenbaues und welche Sehnsucht nach dem Begreifen wenn auch nur eines geringen Abglanzes der in dieser Welt geoffenbarten Vernunft mußte in Kepler und Newton lebendig sein, daß sie den Mechanismus der Himmelsmechanik in der einsamen Arbeit vieler Jahre entwirren konnten! Wer die wissenschaftliche Forschung in der Hauptsache nur aus ihren praktischen Auswirkungen kennt, kommt leicht zu einer ganz unzutreffenden Auffassung vom Geisteszustand der Männer, welche – umgeben von skeptischen Zeitgenossen – Gleichgesinnten die Wege gewiesen haben, die über die Länder der Erde und über die Jahrhunderte verstreut waren. Nur wer sein Leben ähnlichen Zielen hingegeben hat, besitzt eine lebendige Vorstellung davon, was diese Menschen beseelt und ihnen die Kraft gegeben hat, trotz unzähliger Mißerfolge dem Ziel treu zu bleiben. Es ist die kosmische Religiosität, die solche Kräfte spendet. Ein Zeitgenosse hat nicht mit Unrecht gesagt, daß die ernsthaften Forscher in unserer im allgemeinen materialistisch eingestellten Zeit die einzigen tief religiösen Menschen seien. WB 15–18

Es gibt keinen persönlichen Gott

Daß die Idee von der Existenz eines allmächtigen, allgütigen und gerechten persönlichen Gottes dem Menschen Trost, Stütze und Führung geben kann, wird gewiß niemand leugnen. Sie ist auch in ihrer Einfachheit dem primitivsten Geiste zugänglich. Andererseits aber haften dieser Idee an sich entscheidende Schwächen an, die seit Urzeiten schmerzlich gefühlt werden. Wenn nämlich dieses Wesen allmächtig ist, so ist jedes Geschehen, also auch jede menschliche Handlung, jeder menschliche Gedanke und jedes menschliche Gefühl und Streben, sein Werk. Wie kann man denken, daß vor einem solchen allmächtigen Wesen der Mensch für sein Tun und Trachten verantwortlich sei? In seinem Belohnen und Bestrafen würde er gewissermaßen sich selbst richten. Wie ist dies mit der ihm zugeschriebenen Gerechtigkeit und Güte vereinbar?

In dieser persönlichen Gottesidee liegt nun die Hauptursache des gegenwärtigen Konflikts zwischen der religiösen und der wissenschaftlichen Sphäre. Die Wissenschaft sucht, allgemeine Regeln aufzustellen, die den gegenseitigen Zusammenhang der Dinge und Ereignisse in Raum und Zeit bestimmen. Für diese Regeln, beziehungsweise Naturgesetze wird allgemeine und ausnahmslose Gültigkeit gefordert – nicht bewiesen. Es ist zunächst nur ein Programm, und der Glaube in seine prinzipielle Durchführbarkeit ist nur durch Teilerfolge begründet. Aber es dürfte sich doch kaum jemand finden, der diese Teilerfolge leugnen und auf menschliche Selbsttäuschung zurückführen möchte. Die Tatsache, daß wir auf Grund solcher Gesetze den zeitlichen Verlauf von Erscheinungen auf gewissen Gebieten mit großer Genauigkeit und Sicherheit vorherzusagen vermögen, sitzt tief im Bewußtsein des modernen Menschen, selbst wenn er vom Inhalt jener Gesetze sehr wenig erfaßt hat.

Je mehr nun ein Mensch durchdrungen ist von der gesetzlichen Ordnung allen Geschehens, desto fester wird seine Überzeugung, daß neben jener gesetzlichen Ordnung für Ursachen anderen Charakters kein Platz mehr bleibt. Für ihn gibt es weder ein Walten menschlichen noch göttlichen Willens als selbständige Ursache im Naturgeschehen. Allerdings ist es nicht so, daß die Lehre von einem ins Naturgeschehen eingreifenden persönlichen Gott durch die Wissenschaft im eigentlichen Sinne *widerlegt* werden könnte. Denn diese Lehre kann sich immer in jene Gebiete flüchten, in welchen die wissenschaftliche Erkenntnis noch nicht hat Fuß fassen können.

Eine solche Haltung der Vertreter der Religion wäre aber nach meiner Überzeugung nicht nur unwürdig, sondern auch verhängnisvoll. Denn eine Lehre, welche nicht im hellen Licht, sondern nur im Dunkeln sich zu halten vermag, wird notwendig ihre Wirkung auf die Menschen verlieren, zum unermeßlichen Schaden für die Entwicklung der Menschheit. Die Lehren der Religion müssen die Größe haben, in ihrem Kampfe für die ethischen Güter auf die Lehre vom Wirken eines persönlichen Gottes, d.h. auf jene Quelle von Furcht und Hoffnung zu verzichten, welche den Priestern vergangener Zeiten so große Macht in die Hand gab. Sie werden sich bei ihrem Wirken auf die Kräfte zu stützen haben, welche das Gute,

Schöne und Wahre selbst auf die Menschen auszuüben vermögen. Dies ist eine zwar schwierigere, aber auch unvergleichlich würdigere Aufgabe. Wenn die Lehrer der Religion den angedeuteten Prozeß der Läuterung vollzogen haben werden, werden sie gewiß freudig anerkennen, daß wahre Religion durch wissenschaftliche Erkenntnis veredelt und vertieft worden ist. SJ 43–46

Ich kann mir keinen persönlichen Gott denken, der die Handlungen der einzelnen Geschöpfe direkt beeinflußte oder über seine Kreaturen direkt zu Gericht säße. Ich kann es nicht, trotzdem die mechanistische Kausalität von der modernen Wissenschaft bis zu einem gewissen Grade in Zweifel gestellt wird. Meine Religiosität besteht in einer demütigen Bewunderung des unendlich überlegenen Geistes, der sich in dem Wenigen offenbart, was wir mit unserer schwachen und hinfälligen Vernunft von der Wirklichkeit zu erkennen vermögen. Moral ist eine höchst wichtige Sache, aber für uns, nicht für Gott.

Briefe 63

Wertbegründung durch die Religion

Die Setzung der fundamentalen Ziele und Wertungen und ihre Befestigung im effektiven Leben des einzelnen scheint mir nun die wichtigste Funktion der Religionen im sozialen Leben der Menschen zu sein. Fragt man nun, woher diese fundamentalen Zielsetzungen ihre Autorität nehmen, wenn sie doch von der Vernunft nicht gesetzt und begründet werden können, so kann man nur antworten: Sie sind in einer gesunden Gesellschaft da als mächtige Traditionen, die auf das Verhalten, Streben und Werten der Individuen wirken; sie sind da wie ein lebendiges Wesen da ist, ohne daß es für seine Existenz einer Begründung bedürfte. Sie treten ins Dasein nicht durch Begründung, sondern durch Offenbarung, durch das Wirken starker Persönlichkeiten. Man soll nicht versuchen, sie zu begründen, sondern sie ihrem Wesen nach möglichst klar und rein zu erkennen.

Die obersten Grundsätze unseres Strebens und Wertens sind für uns in der jüdisch-christlich religiösen Tradition gegeben. Es ist ein hohes Ziel, dessen Erreichung unseren schwachen Kräften nur in sehr unvollkommener Weise möglich ist, das aber unserem Streben und Werten eine sichere Basis gibt. Wenn man diese Zielsetzung ihrer religiösen Form entkleidet und nur auf die rein menschliche Seite achtet, mag man sie so ausdrükken:

Freie und selbstverantwortliche Entfaltung des Individuums, damit es seine Kräfte froh und freiwillig in den Dienst der Gemeinschaft aller Menschen stelle.

Da ist kein Platz für Vergottung einer Nation, einer Klasse oder gar eines Individuums. Sind wir nicht alle Kinder eines Vaters? heißt es in der religiösen Sprache. Selbst eine Vergottung der Menschheit als abstraktes Ganzes liegt nicht im Sinne dieses Ideals; der einzelne ist es, dem eine Seele zugesprochen wird. Das hohe Schicksal dieses einzelnen aber ist freiwilliges Dienen und nicht etwa Herrschen oder sich sonstwie zur Geltung bringen.

SJ 38 f.

Die Religiosität der Forschung

Sie werden schwerlich einen tiefer schürfenden wissenschaftlichen Geist finden, dem nicht eine eigentümliche Religiosität eigen ist. Diese Religiosität unterscheidet sich aber von derjenigen des naiven Menschen. Letzterem ist Gott ein Wesen, von dessen Sorgfalt man hofft, dessen Strafe man fürchtet – ein sublimiertes Gefühl von der Art der Beziehung des Kindes zum Vater –, ein Wesen, zu dem man gewissermaßen in einer persönlichen Beziehung steht, so respektvoll diese auch sein mag.

Der Forscher aber ist von der Kausalität allen Geschehens durchdrungen. Die Zukunft ist ihm nicht minder notwendig und bestimmt wie die Vergangenheit. Das Moralische ist ihm keine göttliche, sondern eine rein menschliche Angelegenheit. Seine Religiosität liegt im verzückten Staunen über die Harmonie der Naturgesetzlichkeit, in der sich eine so überlegene Vernunft offenbart, daß alles Sinnvolle menschlichen Denkens und Anordnens dagegen ein gänzlich nichtiger Abglanz ist. Dies Gefühl ist das Leitmotiv seines Lebens und Strebens, insoweit dieses sich über die Knechtschaft selbstischen Wünschens erheben kann. Unzweifelhaft ist dies Gefühl nahe verwandt demjenigen, das die religiös schöpferischen Naturen aller Zeiten erfüllt hat. WB 18

Wissen und Glauben

Das letzte Jahrhundert und ein Teil des vorletzten waren weitgehend beherrscht durch die Idee eines unversöhnlichen Gegensatzes zwischen Wissen und Glauben. Unter fortgeschrittenen Geistern herrschte die

Meinung vor, es sei an der Zeit, daß das Wissen mehr und mehr den Glauben ersetze: Glaube, der nicht auf Wissen gegründet sei, sei Aberglaube und müsse bekämpft werden. Erziehung hat nach dieser Auffassung ausschließlich Denken und Wissen zu vermitteln; die Schule, das vornehmste Organ der Volkserziehung, habe ausschließlich diesem Ziele zu dienen.

In dieser krassen Form mag man die rationalistische Überzeugung selten ausgedrückt finden. Denn die in einer solchen Formulierung involvierte Einseitigkeit würde jedem vernünftigen Menschen einleuchten. Es ist aber gut, eine These scharf und nackt hinzustellen, wenn man über ihr Wesen ins klare kommen will.

Wahr ist es gewiß, daß Überzeugungen nicht solider gestützt werden können als auf Erfahrung und bewußtes, klares Denken. Hier wird man dem extremen Rationalisten unbedingt beistimmen. Der schwache Punkt der Auffassung liegt aber darin, daß diejenigen Überzeugungen, welche für unser Handeln und Werten maßgebend und nötig sind, auf diesem soliden wissenschaftlichen Wege allein überhaupt nicht zu gewinnen sind.

Die wissenschaftliche Methode kann uns nämlich nichts anderes lehren, als Tatsachen in ihrer gegenseitigen Bedingtheit begrifflich zu erfassen. Das Streben nach solcher objektiven Erkenntnis gehört zum Erhabensten, dessen der Mensch fähig ist, und gewiß werde ich bei Ihnen nicht in den Verdacht kommen, die Errungenschaften und heroischen Anstrengungen des Menschengeistes auf diesem Gebiete zu gering einzuschätzen. Aber es ist andererseits klar, daß von der Erkenntnis von dem, was *ist,* kein Weg zu dem führt, was *sein soll.* Aus der noch so klaren und vollkommenen Erkenntnis des Seienden kann kein *Ziel* für unser menschliches Streben abgeleitet werden. Wohl liefert die objektive Erkenntnis mächtige Werkzeuge für das Erreichen von gegebenen Zielen, aber das Ziel selbst und die Sehnsucht, es zu erreichen, muß aus einer andern Quelle kommen. Und es bedarf wohl keiner besonderen Begründung für die Behauptung, daß erst die Setzung von Zielen und Werten unserm Dasein und Wirken einen Sinn verleiht. Wie herrlich auch die Erkenntnis der Wahrheit als solche sein mag, als Führerin ist sie so ohnmächtig, daß sie nicht einmal die Berechtigung und den Wert des Strebens nach eben dieser Erkenntnis der Wahrheit zu begründen vermag! Hier liegt also die Grenze der rein rationalen Erfassung unseres Daseins. SJ 37 f.

Das religiöse Gefühl der Wissenschaftler

Der wissenschaftlichen Forschung liegt der Gedanke zugrunde, daß alles Geschehen durch Naturgesetze bestimmt sei, also auch das Handeln der Menschen. Deshalb wird ein Forscher kaum geneigt sein, zu glauben, daß das Geschehen durch ein Gebet – das heißt, durch einen gegenüber einem übernatürlichen Wesen geäußerten Wunsch – beeinflußt werden könnte.

Allerdings muß zugegeben werden, daß unsere tatsächliche Kenntnis dieser Gesetze nur unvollkommenes Stückwerk ist, sodaß letzten Endes die Überzeugung von der Existenz letzter durchgreifender Gesetze ebenfalls auf einer Art Glauben beruht. Immerhin ist dieser Glaube weitgehend durch die bisherigen Erfolge der Wissenschaften gerechtfertigt.

Andererseits erfüllt aber die Wissenschaft jeden, der sich ernsthaft mit ihr befaßt, mit der Überzeugung, daß sich in der Gesetzmäßigkeit der Welt ein dem menschlichen ungeheuer überlegener Geist manifestiere, demgegenüber wir mit unseren bescheidenen Kräften demütig zurückstehen müssen. So führt die Beschäftigung mit der Wissenschaft zu einem religiösen Gefühl besonderer Art, welches sich von der Religiosität des naiveren Menschen allerdings wesentlich unterscheidet. Briefe 33

Die Moral ist Sache des Menschen

Ich glaube nicht, daß die Grundgedanken der Relativitätstheorie in anderer Weise Beziehungen zur religiösen Sphäre beanspruchen können als die wissenschaftliche Erkenntnis überhaupt. Diese Beziehung sehe ich darin, daß tiefe Zusammenhänge in der objektiven Welt durch logisch einfache Gedanken erfaßt werden können. Dies ist allerdings in der Relativitätstheorie in besonders vollkommenem Maße der Fall.

Das religiöse Gefühl, welches durch das Erlebnis der logischen Faßbarkeit tiefliegender Zusammenhänge ausgelöst wird, ist von etwas anderer Art als dasjenige Gefühl, welches man gewöhnlich als religiös bezeichnet. Es ist mehr ein Gefühl der Ehrfurcht für die in den Dingen sich manifestierende Vernunft als solcher, welches nicht zu dem Schritte führt, eine göttliche Person nach unserem Ebenbilde zu formen – eine Person, die an uns Forderungen stellt und an unserem individuellen Sein Interesse nimmt. Es gibt darin weder einen Willen noch ein Ziel noch ein Soll, sondern nur ein Sein.

Deshalb sieht unsereiner in dem Moralischen eine rein menschliche Angelegenheit – aber allerdings die wichtigste in der menschlichen Sphäre. Briefe 66

Mein Judentum

Charakteristische Züge der jüdischen Tradition

Was die Juden verbindet und seit Jahrtausenden verbunden hat, ist in erster Linie das demokratische Ideal der sozialen Gerechtigkeit und die Idee der Pflicht zur gegenseitigen Hilfe und Duldsamkeit aller Menschen untereinander. Dies soziale Ideal durchdringt schon die ältesten religiösen Schriften der Juden und hat durch das Christentum und die mohammedanische Religion mächtig und wohltätig auf die soziale Gestaltung eines großen Teiles der Menschheit eingewirkt. Es sei hier auch der Einführung des wöchentlichen Ruhetages gedacht, einer unermeßlichen Wohltat für alle Menschen. Persönlichkeiten wie Moses, Jesus, Spinoza, Karl Marx, so verschieden sie auch sein mögen, sie alle lebten und opferten sich für das Ideal der sozialen Gerechtigkeit. Sie wurden auf diesen dornenvollen Weg durch die Tradition ihrer Väter geführt. Die einzigartigen Leistungen der Juden auf dem Gebiete der Wohltätigkeit entstammen derselben Quelle.

Der zweite charakteristische Zug der jüdischen Tradition ist die hohe Wertschätzung jeder Art intellektuellen Strebens und geistiger Arbeit. Dieser hohen Wertung der Erkenntnis allein ist es nach meiner Überzeugung zuzuschreiben, daß die Juden an den Fortschritten der Erkenntnis im weitesten Sinne des Wortes in einem Maße mitgewirkt haben, das im Hinblick auf ihre verhältnismäßig geringe Zahl und auf die bedeutenden äußeren Hemmungen, die ihnen stets und allenthalben im Wege standen, die Anerkennung aller ehrlichen Menschen verdient. Nach meiner Überzeugung ist dies nicht auf einen besonderen Reichtum an Begabungen zurückzuführen, sondern darauf, daß die Wertschätzung der geistigen Leistung unter den Juden eine Atmosphäre schafft, die der Entwicklung der vorhandenen Begabungen besonders günstig ist. Dabei herrscht ein kritischer Geist vor, der es verhindert, daß irgendeiner menschlichen Autorität blinde Gefolgschaft geleistet wird.

Ich beschränke mich hier auf diese zwei traditionellen Züge, welche mir als die wesentlichen erscheinen. Diese Wertungen und Ideale äußern sich im Kleinen und im Großen. Sie werden von den Eltern auf die Kinder übertragen, geben dem Gespräch und Urteil im Freundeskreis ihre Richtung, erfüllen die religiösen Schriften und geben dem Gemeinschaftsleben der Gruppe sein charakteristisches Gepräge. SJ 245 f.

Gibt es eine jüdische Weltanschauung?

Eine jüdische Weltanschauung im philosophischen Sinne gibt es nach meiner Meinung nicht. Judentum scheint mir fast ausschließlich die moralische Einstellung im Leben und zum Leben zu betreffen. Judentum scheint mir mehr der Inbegriff der im jüdischen Volke lebendigen Lebenseinstellung zu sein als der Inbegriff der in der Thora niedergelegten und im Talmud interpretierten Gesetze. Thora und Talmud sind für mich nur die wichtigsten Zeugnisse für das Walten der jüdischen Lebensauffassung in früherer Zeit.

Das Wesen der jüdischen Lebensauffassung scheint mir zu sein: Bejahung des Lebens aller Geschöpfe. Leben des Individuums hat nur Sinn im Dienst der Verschönerung und Veredelung des Lebens alles Lebendigen. Leben ist heilig, d. h. der höchste Wert, von dem alle Wertungen abhängen. Die Heiligung des über-individuellen Lebens bringt die Verehrung alles Geistigen mit sich – ein besonders charakteristischer Zug der jüdischen Tradition.

Judentum ist kein Glaube. Der jüdische Gott ist nur eine Verneinung des Aberglaubens, ein Phantasieersatz für dessen Beseitigung. Es ist auch ein Versuch, das Moralgesetz auf Furcht zu gründen, ein bedauernswerter unrühmlicher Versuch. Doch scheint mir, daß die starke moralische Tradition im jüdischen Volke sich weitgehend von dieser Furcht losgelöst hat. Auch ist deutlich, daß „Gott dienen" mit „dem Lebendigen dienen" gleichgesetzt wurde. Dafür haben die Besten des jüdischen Volkes, im besonderen die Propheten und Jesus, unermüdlich gekämpft.

So ist das Judentum keine transzendente Religion; es hat nur mit dem von uns erlebten, gewissermaßen greifbaren Leben zu tun und mit nichts anderem. Es scheint mir daher fraglich, ob es eine „Religion" im geläufigen Sinn des Wortes genannt werden kann, zumal eben vom Juden kein „Glaube" verlangt wird, sondern Heiligung des Lebens im überpersönlichen Sinn.

Es steckt aber noch etwas anderes in der jüdischen Tradition, was sich in manchen Psalmen so herrlich offenbart, nämlich eine Art trunkener Freude und Verwunderung über die Schönheit und Erhabenheit dieser Welt, von welcher der Mensch eben noch eine schwache Ahnung erlangen kann. Es ist das Gefühl, aus welchem auch die wahre Forschung ihre geistige Kraft schöpft, das sich aber auch im Gesang der Vögel zu äußern scheint. Hier erscheint die Verknüpfung mit der Gottesidee nur wie kindliche Einfalt.

Ist nun das Gesagte für das Judentum charakteristisch? Lebt es auch sonstwo, unter anderem Namen? Rein lebt es nirgends, auch im Judentum nicht, wo viel Buchstabenkultus die reine Lehre verdunkelt. Aber ich sehe doch im Judentum eine ihrer lebendigsten und reinsten Realisierungen. Dies gilt besonders vom Grundsatz der Heiligung des Lebens.

Es ist charakteristisch, daß im Gebot der Heiligung des Sabbats auch die Tiere ausdrücklich eingeschlossen waren, so sehr fühlte man die Forderung der Solidarität des Lebenden als Ideal. Noch viel stärker kommt die Forderung der Solidarität aller Menschen zum Ausdruck, und es ist kein Zufall, daß die sozialistischen Forderungen größtenteils von Juden ausgingen.

Wie sehr aber das Bewußtsein von der Heiligkeit des Lebens im jüdischen Volke lebendig ist, wird sehr schön durch ein Sätzchen veranschaulicht, das Walther Rathenau mir gegenüber einmal in einem Gespräch äußerte: „Wenn ein Jude sagt, er gehe zu seinem Vergnügen auf die Jagd, so lügt er." Einfacher kann man das Bewußtsein von der Heiligkeit des Lebens, wie es im jüdischen Volke lebt, nicht Ausdruck geben.
WB 89–91

Wer ist ein Jude?

Was charakterisiert nun aber die jüdische Gruppe? Was ist überhaupt ein Jude? Auf diese Frage gibt es keine kurze Antwort. Die nächstliegende Antwort wäre folgende: Ein Jude ist eine Person, die sich zu der jüdischen Religion bekennt. Die Oberflächlichkeit dieser Antwort erkennt man sehr hübsch an einem kleinen Vergleich. Wir stellen die Frage: Was ist eine Schnecke? Eine der obigen analoge Beantwortung dieser Frage wäre etwa diese: Eine Schnecke ist ein Tier, welches in einem

Schneckenhaus wohnt. Diese Antwort ist zwar nicht ganz falsch, aber gewiß auch nicht erschöpfend. Denn das Schneckenhaus ist ja nur eines der stofflichen Erzeugnisse der Schnecke; analog ist die jüdische Religion nur eines der charakteristischen Erzeugnisse der jüdischen Gemeinschaft. Es ist ferner bekannt, daß eine Schnecke sich von ihrem Haus loslösen kann, ohne dadurch aufzuhören, eine Schnecke zu sein. Bei dem Juden, der seine Religion (im formalen Sinne des Wortes) verläßt, verhält es sich ähnlich – er bleibt ein Jude. Eine analoge Schwierigkeit stellt sich immer ein, wenn man das Wesen irgendeiner Volksgruppe zu erklären versucht. Was soll z. B. ein Amerikaner antworten, wenn man ihn fragt, was eigentlich ein „Republikaner" (im Gegensatz zum „Demokraten") sei? Die Antwort, es sei eine Person, die sich zur republikanischen Partei bekennt, dürfte wenig befriedigen. In Wahrheit kann der Fragesteller nur dadurch befriedigt werden, daß man ihm die wesentlichen Ziele und Interessen auseinandersetzt, welche diese Partei vertritt. So ist es bei jeder sozialen Gruppe, also auch bei der Judenheit. SJ 244 f.

Die Entwicklung der deutschen Juden

Vor einem Jahrhundert noch lebten unsere Vorfahren mit wenigen Ausnahmen im Getto. Sie waren arm und politisch entrechtet, von den Nichtjuden durch einen Wall von religiösen Traditionen, weltlichen Lebensformen und gesetzlichen Beschränkungen getrennt. In ihrer geistigen Entwicklung waren sie auf ihre eigene Literatur beschränkt. Sie wurden relativ nur schwach beeinflußt durch den gewaltigen Aufschwung, den das europäische Geistesleben seit der Renaissance erfahren hatte. Aber eines hatten diese wenig beachteten, bescheiden lebenden Menschen vor uns voraus: Jeder von ihnen gehörte mit allen Fasern seines Herzens einer Gemeinschaft an, in der er ganz aufging und in der er sich als vollwertiges Glied fühlte – einer Gemeinschaft, die nichts von ihm forderte, was seiner natürlichen Denkweise widerstrebte. Unsere damaligen Vorfahren waren geistig und körperlich ziemlich verkümmert, aber in sozialer Beziehung in einem beneidenswerten seelischen Gleichgewicht.

Dann kam die Emanzipation. Sie bot dem Individuum plötzlich ungeahnte Entwicklungsmöglichkeiten. Die einzelnen Individuen erlangten rasch Stellungen in höheren wirtschaftlichen und sozialen Schichten der Gesellschaft. Sie sogen gierig die herrlichen Errungenschaften in sich auf, die Kunst und Wissenschaft des Abendlandes geschaffen hatten. Sie beteiligten sich mit glühender Leidenschaft an dieser Entwicklung, indem sie selbst bleibende Werte schufen. Dabei nahmen sie die äußeren Daseinsformen der nichtjüdischen Welt an und wandten sich in steigendem Maß von ihren religiösen und sozialen Überlieferungen ab, indem sie nichtjüdische Sitten, Formen und Denkweisen annahmen. Es schien, als lösten sie sich restlos in den zahlenmäßig weit überlegenen, politisch und kulturell höher organisierten Wirtsvölkern auf, so daß nach einigen Generationen nichts Sichtbares von ihnen übriggeblieben wäre. Eine vollständige Auflösung des jüdischen Volkstums in Mittel- und Westeuropa schien unvermeidlich.

Es kam aber anders. Es scheint Instinkte rassenhaft verschiedener Nationalitäten zu geben, die einer Vermischung entgegenwirken. Die Anpassung der Juden an die europäischen Völker, unter denen sie leben, in Sprache, Sitte, ja zum Teil sogar in den religiösen Formen, konnte nicht jenes Fremdheitsgefühl auslöschen, das zwischen den Juden und ihren europäischen Wirtsvölkern besteht. Auf dieses spontane Gefühl der Fremdheit ist in letzter Instanz der Antisemitismus zurückzuführen. Dieser ist deshalb auch nicht durch wohlgemeinte Traktate aus der Welt zu schaffen. Die Nationalitäten wollen nicht vermischt sein, sondern ihren eigenen Weg gehen. Ein befriedigender Zustand ist nur dadurch herbeizuführen, daß sie sich gegenseitig dulden und achten.

Dazu gehört vor allem, daß wir Juden uns unserer Existenz als Nationalität wieder bewußt werden und daß wir diejenige Selbstachtung wieder erwerben, die wir zu einer gedeihlichen Existenz brauchen. Wir müssen wieder lernen, uns freudig zu unseren Vorfahren und zu unserer Geschichte zu bekennen, und wir müssen als Volk wieder Kulturaufgaben auf uns nehmen, die geeignet sind, unser Gemeinschaftsgefühl zu stärken. Es genügt nicht, daß wir uns als Individuum an der kulturellen Entwicklung der Menschheit beteiligen, wir müssen auch solche Aufgaben in Angriff nehmen, die nur nationale Gesamtheiten zu lösen imstande sind. Nur so kann das Judentum wieder sozial gesunden. WB 99f.

Antisemitismus und akademische Jugend

Solange wir im Getto lebten, brachte unsere Zugehörigkeit zum jüdischen Volke materielle Schwierigkeiten und manchmal physische Gefahr mit sich, aber keine sozialen und seelischen Probleme. Mit der Emanzipation änderte sich diese Sachlage, und zwar besonders für diejenigen Juden, die sich geistigen Berufen zuwandten.

Der junge Jude steht in Schule und Universität unter dem Einfluß einer von ihm hochgeachteten und bewunderten nationalgefärbten Gesellschaft, von der er seine geistige Nahrung empfängt, zu der er sich zugehörig fühlt und von der er sich gleichzeitig als Artfremder mit einer gewissen Geringschätzung und Abneigung behandelt sieht. Mehr unter dem suggestiven Einfluß dieser seelischen Übermacht als von utilitaristischen Rücksichten getrieben, kehrt er seinem Volk und dessen Traditionen den Rücken und betrachtet sich restlos als zu den andern gehörig, indem er vor sich und den andern vergebens zu verbergen sucht, daß dies Verhältnis kein gegenseitiges ist. So entsteht der bedauernswerte getaufte jüdische Geheimrat von gestern und heute. Meist hat ihn nicht Charakterlosigkeit und Streberei zu dem gemacht, was er ist, sondern – wie gesagt – die suggestive Macht einer an Zahl und Einfluß überlegenen Umgebung. Wohl weiß er, daß viele und vortreffliche Söhne des jüdischen Volkes zu der Blüte von Europas Kultur erheblich beigetragen haben. Aber haben sie es nicht mit wenigen Ausnahmen alle ungefähr so gemacht wie er?

Wie bei vielen seelischen Übeln liegt die Heilung auch hier in der klaren Erkenntnis seines Wesens und seiner Ursachen. Wir müssen uns unserer Artfremdheit klar bewußt sein und aus ihr die Konsequenzen ziehen. Es hat keinen Sinn, zu versuchen, die anderen von unserer seelischen und geistigen Ebenbürtigkeit durch Deduktionen überzeugen zu wollen; denn die Wurzel ihres Verhaltens sitzt nicht im Großhirn. Wir müssen uns vielmehr sozial emanzipieren, unsere gesellschaftlichen Bedürfnisse in der Hauptsache selbst befriedigen. Wir sollen unsere eigenen Studentengesellschaften haben und den Nichtjuden gegenüber höfliche, aber konsequente Zurückhaltung üben. Dabei wollen wir nach unserer eigenen Art leben und nicht Trink- und Pauksitten kopieren, die unserem Wesen fremd sind. Man kann ein Träger der Kultur Europas, ein guter Bürger eines Staates und zugleich ein treuer Jude sein. Sind wir dessen eingedenk und handeln wir danach, dann ist das Problem des Antisemitismus, soweit es gesellschaftlicher Natur ist, für uns gelöst.

WB 94

Antisemitismus

Um die hauptsächlichste Triebfeder des politischen Antisemitismus klar hervortreten zu lassen, erzähle ich zunächst eine alte Fabel in etwas abgeänderter Form.

Der Hirtenknabe sagte zum Pferde: Du bist das herrlichste Tier auf der Erde und verdienst, in ungetrübtem Glück zu leben. Dein Glück wäre ungetrübt, wenn der heimtückische Hirsch nicht wäre. Dieser aber übt sich von Jugend auf, um schneller laufen zu lernen als du. Seine Fähigkeit, schneller laufen zu können, ermöglicht es ihm, früher als du an die Stellen zu gelangen, wo es Wasser gibt. Er und die Seinen saufen dir allenthalben das Wasser weg, so daß du mit deinen Kindern verdursten sollst. Vertraue dich mir an! Ich will dich und deinesgleichen durch meine Klugheit und Führung aus deiner traurigen und unwürdigen Lage befreien.

Das Pferd, von Neid und Haß gegen den Hirsch geblendet, willigt ein. Es läßt sich vom Hirtenknaben den Zaum anlegen, verliert seine Freiheit und wird der Sklave des Hirten.

In dieser Fabel, wie sie hier gemeint ist, repräsentiert das Pferd das Volk, der Hirtenknabe eine Klasse oder Clique, welche die völlige Herrschaft über das Volk anstrebt oder verteidigen will, der Hirsch aber die Juden.

Ich höre euch nun sagen: „Du hast uns hier eine recht unglaubhafte Fabel erzählt. Kein Geschöpf wird so dumm sein wie das Pferd in deiner Geschichte." Aber ich sage euch: denkt ein wenig tiefer nach. Das Pferd hat viel unter Durst gelitten und seine Eitelkeit war manchmal dadurch gekränkt, daß es einen Hirsch behender und schneller laufen sah, als es selbst zu laufen vermochte. Ihr aber habt diesen Ärger und diesen Schmerz des Pferdes nicht erlebt und könnt deshalb nicht verstehen, daß es in solchen Haß und solche Blindheit getrieben werden konnte, daß es so unüberlegt, unzweckmäßig und kritiklos handeln mußte. Das Pferd aber war durch sein inneres Erleben auf eine solche Verirrung vorbereitet und fiel dadurch der Verführung zum Opfer. Deshalb sagt man mit Recht, es sei leicht, gerecht und klug zu denken für andere, schwer aber, gerecht und klug zu handeln in eigener Sache. Ich sage euch mit voller Überzeugung: Wir alle haben schon oft die lamentable Rolle des Pferdes gespielt und sind beständig in Gefahr, von neuem Opfer ähnlicher Verführungen zu werden. SJ 239 f.

Moralische Werte und Ziele

Wie sollen wir unser Leben gestalten?

Wenn wir vom Sinn und Ziel einer Handlung sprechen, meinen wir einfach die Frage: Welche Art von Wunsch sollten wir erfüllen durch diese Handlung oder ihre Folgen, oder welche unerwünschten Folgen sollten vermieden werden? Wir können natürlich vom Standpunkt einer Gemeinschaft aus, zu der das Individuum gehört, klar über das Ziel einer Handlung sprechen. In diesem Fall hat das Ziel einer Handlung auch, zumindest indirekt, mit der Wunscherfüllung der Individuen zu tun, die eine Gesellschaft bilden.

Wenn Sie nach dem Zweck oder Ziel einer Gesellschaft als ganzer oder dem eines Individuums als ganzem fragen, verliert die Frage ihren Sinn. Dies trifft natürlich um so mehr zu, wenn Sie nach dem Zweck oder der Bedeutung der Natur im allgemeinen fragen. Denn in diesem Fall scheint es völlig willkürlich, wenn nicht unvernünftig, sich jemanden vorzustellen, dessen Wünsche mit den Geschehnissen in Beziehung stehen.

Nichtsdestoweniger spüren wir alle, daß es tatsächlich sehr vernünftig und wichtig ist, wenn wir uns fragen, wie wir unser Leben gestalten sollen. Die Antwort ist meiner Meinung nach: Befriedigung der Wünsche und Bedürfnisse aller, soweit dies erreicht werden kann, und das Erlangen von Harmonie und Schönheit in den menschlichen Beziehungen. Dies setzt ein großes Maß an bewußter Überlegung und Selbsterziehung voraus. Kein Zweifel, daß die aufgeklärten Griechen und weisen Orientalen eine höhere Stufe auf diesem überaus wichtigen Gebiet erreicht haben als wir in unseren Schulen und Universitäten. Briefe 27 f.

Religion und Moral

Selbstverständlich kann es nur freudig begrüßt werden, daß die Religion im Sinne einer Realisierung des Moralprinzips zu wirken bemüht ist. Aber die moralische Forderung ist nicht nur Sache der Religion und der Kirche, sondern das wichtigste traditionelle Gut der Menschheit. Erwägen Sie unter diesen Gesichtspunkten die Haltung der Schule und der Presse! Überall dominiert der Kultus der Tüchtigkeit und des Erfolges, nicht aber der Wert der Dinge und Menschen vom Standpunkt des moralischen Zieles der Menschheit. Dazu kommt die verderbliche moralische Wirkung eines rücksichtslosen Wirtschaftskampfes.

Die sorgsame Pflege der moralischen Einsicht und Wertung auch außerhalb der religiösen Sphäre wäre ferner dazu berufen, die Menschen zu einer freudigeren Haltung gegenüber allen sozialen Fragen zu führen. Denn rein menschlich betrachtet bedeutet Moral nicht die strenge Forderung eines teilweisen Verzichtes auf die ersehnten Freuden des Lebens, sondern kameradschaftliches Streben nach einem glücklicheren Leben aller Menschen.

Diese Auffassung führt im besonderen zu der Forderung, daß jedem Individuum die Entfaltung der in ihm schlummernden Fähigkeiten ermöglicht werde. Denn nur so kann dem Individuum die Befriedigung zuteil werden, auf die es gerechten Anspruch hat. Und nur durch Erfüllung dieser Forderung kann die Gemeinschaft zu reicher Blüte gebracht werden. Denn alles, was wirklich groß und erhebend ist, wird vom Individuum geschaffen in freiem Streben. Andererseits erscheint Zwang nur insoweit berechtigt, als er für die Sicherung des Daseins nötig ist.

Diese Auffassung führt ferner dazu, die Verschiedenheit der Menschen und menschlichen Gruppen nicht nur zu dulden, sondern freudig zu bejahen und als Bereicherung unseres Daseins zu empfinden. Dies ist das Wesen aller wirklichen Toleranz; ohne Toleranz in diesem weitesten Sinne kann von wahrer Moralität keine Rede sein.

Die Moralität in dem hier skizzierten Sinne ist kein starres System, sondern ein Gesichtspunkt, unter welchem alle Fragen des Lebens beurteilt werden können und sollen. Es ist eine nie endende Aufgabe, die stets unser Urteil leiten und unser Streben beleben soll.

Glauben Sie, daß ein von diesem Ideal erfüllter Mensch sich damit zufriedengeben kann,

daß er von seinen Mitmenschen erheblich mehr Dienste und Güter entgegennimmt als dem Menschen im Durchschnitt zur Verfügung stehen,

daß sein Land in dem Gefühl momentaner militärischer Sicherheit sich nicht beteiligt an dem Streben nach einem System der übernationalen Gerechtigkeit und Sicherung?

Kann er untätig oder gar gleichgültig zusehen, wenn irgendwo in der Welt schuldlose Menschen mit roher Gewalt verfolgt, entrechtet oder gar vernichtet werden?

Diese Fragen stellen, heißt schon sie beantworten.

SJ 35 f.

Woher bekommen moralische Grundsätze ihre verpflichtende Kraft?

Am Anfang aller moralischen Lehren scheint mir die folgende Erkenntnis zu stehen: Wenn die Menschen einzeln den Antrieben ihrer elementaren Gefühle nachgeben, um für ihre Person Schmerz zu vermeiden und für sich selber Befriedigung zu suchen, so resultiert daraus für alle zusammen ein Zustand der Unsicherheit, der Furcht und unübersehbaren Elends. Wenn sie überdies ihre Intelligenz vom individualistischen, beziehungsweise egoistischen Standpunkt aus verwenden, um so nach der Illusion eines glücklichen individuellen Daseins ihr Handeln einzurichten, wird der Zustand kaum gebessert werden. Im Vergleich zu den übrigen elementaren Gefühlsimpulsen sind die der Liebe, des Mitleids und der Freundschaft zu schwach und zu begrenzt, um zu einem erträglichen Zustand der menschlichen Gesellschaft zu führen.

Die Lösung des Problems ist vom Standpunkt freier Überlegung aus einfach, und sie scheint auch in den Lehren der Weisen der Vorzeit immer in gleicher Weise wiederzukehren:

Alle Menschen sollen nach denselben Grundsätzen ihr Handeln einrichten. Diese Grundsätze sollen so sein, daß durch ihre Befolgung ein möglichst hohes Maß von Sicherheit und Befriedigung und ein möglichst geringes Maß von Schmerz für alle resultiert.

Gewiß ist diese allgemeine Forderung lange nicht klar genug, um aus ihr die einzelnen Vorschriften mit Sicherheit herzuleiten, nach denen die Individuen ihr Handeln einrichten sollen. Ja, diese einzelnen Vorschriften werden sogar je nach Zeitumständen geändert werden müssen.

Wenn aber diese Schwierigkeiten die ernsteste wäre, welcher die Realisierung dieses kühnen Gedankens begegnet, so wäre das Los der Menschheit seit Jahrtausenden ein unvergleichlich glücklicheres gewesen, als es tatsächlich der Fall war und ist. Die Menschen hätten einander nicht getötet, gequält und durch Gewalt und List ausgebeutet.

Die wahre Schwierigkeit, die den alten Weisen im Wege stand, gipfelt in der Frage: Wie sollen wir unserer Lehre im Gefühlsleben der Menschen eine solche Macht verleihen, daß ihre Wirkung gegen die elementaren psychischen Kräfte im Individuum aufkommen kann? Natürlich wissen wir nicht, ob die Weisen der Vorzeit sich diese Fragen wirklich bewußt in solcher Art gestellt haben. Aber wir wissen, wie sie dies Problem zu lösen versucht haben.

Länge nämlich, bevor die Menschen für die Aufstellung einer so universalen Moralforderung reif waren, hatte sie die Furcht vor den Gefahren des Lebens dazu geführt, das Wirken der gefürchteten oder auch ersehnten Kräfte in der Natur persönlichen, sinnlich nicht wahrnehmbaren Wesen zuzuschreiben. Diese Wesen, welche in ihrer Phantasie allenthalben walteten, dachten sie sich nach ihrem eigenen Modell seelisch ausgestaltet und mit übermenschlichen Machtmitteln begabt. Es waren die primitiven Vorläufer der Gottesidee, geboren in erster Linie aus der Lebensangst. Der Gedanke von der Existenz solcher machtvollen Wesen übte einen für uns kaum vorstellbar großen Einfluß auf die Menschen und ihr Handeln aus. Es ist deshalb nicht zu verwundern, daß die Urheber des alle Menschen gleichmäßig umspannenden Moralgedankens diesen mit der Religion innig verbanden. Die Gültigkeit derselben Forderungen für alle Menschen mag wesentlich dazu beigetragen haben, daß die religiöse Kultur der Menschheit vom Polytheismus zum Monotheismus sich entwickelte.

Wenn so der universale Moralgedanke ursprünglich der Verknüpfung mit der Religion seine psychische Macht verdankte, so wurde diese enge Verbindung dem Fortschritt des Moralgedankens doch andererseits auch verhängnisvoll. Die monotheistische Religion erfuhr bei verschiedenen Völkern und Gruppen verschiedene Ausgestaltung. Bald wurden die Unterschiede, die eigentlich gar nicht tiefgreifender Art waren, stärker empfunden als das Wesentliche, Gemeinsame. Statt die Menschheit durch den universellen moralischen Gedanken zu vereinigen, verursachte die Religion vielfach Feindschaft und Krieg.

Die Erkenntnisse der Naturwissenschaft und deren bedeutender Einfluß auf das Denken und das praktische Leben haben ferner in der modernen Zeit das religiöse Gefühl der Völker geschwächt. Das kausale und sachliche Denken, obwohl nicht im Widerspruch mit der religiösen Sphäre, läßt bei den meisten wenig Raum für religiöse Vertiefung. Die traditionelle enge Verbindung von Religion und Moral bringt es mit sich, daß dadurch auch die Intensität des moralischen Denkens und Fühlens ungefähr seit hundert Jahren bedenklich abgenommen hat. Ich sehe hierin eine Hauptursache der Verwilderung der politischen Sitten in unserer Zeit. Diese Verwilderung in Verbindung mit den mächtigen Fortschritten der Technik bildet heute schon eine ernstliche Bedrohung der zivilisierten Menschheit. SJ 32–35

In der Seele des Menschen wohnen Liebe und Haß

Der wunderbare Spinoza sagt, man solle die Menschen wegen ihrer Taten weder hassen noch verachten, sondern man solle suchen, sie zu verstehen. Nur durch Verstehen können wir hoffen, nach menschlichen Kräften den furchtbaren Katastrophen vorzubeugen, welche die Menschen einander bereiten.

In der Seele eines jeden Menschen wohnen die Tendenzen der Liebe und des Hasses, freudigen Schaffens und grausamen Zerstörens enge beisammen. In Zeiten geordneten Zusammenlebens in einem Rechts-Staate tritt diese problematische und widerspruchsvolle Struktur nicht in Erscheinung, da bei dem normalen Menschen unter normalen Verhältnissen die lebensfeindlichen Seelenkräfte verborgen und unterdrückt werden. Nur bei den geborenen Verbrechern kommen den nivellierenden Einflüssen der Gesellschaft zum Trotz jene Nachtseiten der menschlichen Natur zum Durchbruch.

Es gibt aber Zeiten, in denen Staat und Gesellschaft jene Funktion der Hemmung nicht oder sehr unvollständig ausüben. Dies tritt ein im Falle des Krieges oder wenn sonst eine politisch einflußreiche Schicht von den auf Zerstörung gerichteten Tendenzen der Menschen Gebrauch machen will. Die sozialen Hemmungen gegen Handlungen barbarischer Grausamkeit fallen dann weg, und jene Seiten der menschlichen Natur tun ihr furchtbares Werk, die sonst sorgfältig verhüllt und verleugnet werden. Beteiligung an Verbrechen der Masse erweckt nur das Gewissen ganz weniger, die sich zu hoher Selbständigkeit und Einsamkeit durchgerungen haben.

Frieden 269 f.

Sie haben offenbar gar keine Vorstellung davon, wie die Menschen wirklich sind. Sie werden von Leidenschaften regiert, unter denen der Haß und der kurzsichtige Eigennutz eine Hauptrolle spielen. Es scheint Ihnen, daß die paar leitenden Politiker an dem ganzen Elend schuld seien und daß die große Masse der Menschen das Gute und Vernünftige wolle. Wahr ist zwar, daß die Masse der Menschen den Krieg fürchtet; aber sie läßt sich zu jedem Abenteuer hinreißen auf Grund ihrer angeborenen seelischen Struktur ... Meine Kollegen haben eine Zeitlang versucht, das drohende Unheil durch Aufklärung abzuwenden. Der Versuch aber war erfolglos. Diejenigen, die gegen den äußeren Feind hetzten, haben die Menge mit sich gerissen. Nun hat man es in der Tollheit schon so weit getrieben, daß auch für vernünftige Menschen die Rückkehr zu einer besseren Politik schwierig wäre ... Wenn das Volk so beschaffen wäre, wie Sie es sich denken, so würde es sich weigern, Militärdienst zu leisten. Nichts davon ist zu spüren. Frieden 554

Der Einfluß der Traditionen

Was wir an Meinungen, Werturteilen und Gefühlen als Kinder unbewußt von unserer Umgebung aufnehmen, macht einen großen Teil unseres Wesens aus. Es ist mit anderen Worten die Tradition, die uns neben den ererbten Anlagen und Qualitäten zu dem macht, was wir sind. Wir überlegen nur selten, wie verhältnismäßig gering gegenüber dem mächtigen Einfluß der Tradition der Einfluß unseres bewußten Überlegens auf unsere Lebensführung und unsere Überzeugungen ist. Ohne diese mächtige und vom Kinde unbewußt übernommene Tradition hätten wir uns wohl kaum über die geistige und sittliche Stufe des Tieres erheben können. Es wäre also töricht, ja unvernünftig, die Tradition zu verachten. Aber mit steigendem Selbstbewußtsein und steigender Intelligenz muß eine Kontrolle und ein kritisches Verhalten gegenüber der Tradition einsetzen, wenn die menschlichen Verhältnisse sich zum Bessern ändern sollen. Wir müssen zu erkennen suchen, was an der überkommenen Tradition dem Glücke und der Würde schädlich ist, und wir müssen versuchen, uns im Leben demgemäß zu verhalten, wenn es auch oft schwer ist. SJ 189f.

Wie läßt sich der Haß überwinden?

Ein Gericht ist eine menschliche Einrichtung, die um so mehr geneigt sein dürfte, ihre Entscheidungen außerrechtlichen Einflüssen zugänglich zu machen, je weniger Macht ihr zur Verfügung steht, ihre Entscheidungen durchzusetzen. Es ist eine Tatsache, mit der man rechnen muß: Recht und Macht sind unzertrennlich verbunden, und die Sprüche eines Rechtsorgans nähern sich um so mehr dem Gerechtigkeitsideal der Gemeinschaft, in deren Namen und Interesse Recht gesprochen wird, je mehr Machtmittel diese Gemeinschaft aufbringen kann, um die Respektierung ihres Gerechtigkeitsideals zu erzwingen. Wir sind aber zur Zeit weit davon entfernt, eine überstaatliche Organisation zu besitzen, die ihrem Gericht unbestreitbare Autorität zu verleihen und der Exekution seiner Erkenntnisse absoluten Gehorsam zu erzwingen imstande wäre. So drängt sich mir die erste Feststellung auf: Der Weg zur internationalen Sicherheit führt über den bedingungslosen Verzicht der Staaten auf einen Teil ihrer Handlungsfreiheit beziehungsweise Souveränität, und es dürfte unbezweifelbar sein, daß es einen andern Weg zu dieser Sicherheit nicht gibt.

Ein Blick auf die Erfolglosigkeit der zweifellos ernst gemeinten Bemühungen der letzten Jahrzehnte, dieses Ziel zu erreichen, läßt jeden deutlich fühlen, daß mächtige psychologische Kräfte am Werke sind, die diese Bemühungen paralysieren. Einige dieser Kräfte liegen offen zutage. Das Machtbedürfnis der jeweils herrschenden Schicht eines Staates widersetzt sich einer Einschränkung der Hoheitsrechte desselben. Dieses politische Machtbedürfnis wird häufig genährt aus einem materiell-ökonomisch sich äußernden Machtstreben einer andern Schicht. Ich denke hier vornehmlich an die innerhalb jedes Volkes vorhandene kleine, aber entschlossene, sozialen Erwägungen und Hemmungen unzugängliche Gruppe jener Menschen, denen Krieg, Waffenherstellung und -handel nichts als eine Gelegenheit sind, persönliche Vorteile zu ziehen, den persönlichen Machtbereich zu erweitern.

Diese einfache Feststellung bedeutet aber nur einen ersten Schritt in der Erkenntnis der Zusammenhänge. Es erhebt sich sofort die Frage: Wie ist es möglich, daß die soeben genannte Minderheit die Masse des Volkes ihren Gelüsten dienstbar machen kann, die durch einen Krieg nur zu leiden und zu verlieren hat. (Wenn ich von der Masse des Volkes spreche, so schließe ich aus ihr diejenigen nicht aus, die als Soldaten aller Grade den Krieg zum Beruf gemacht haben, in der Überzeugung, daß sie der Verteidigung der höchsten Güter ihres Volkes dienen und daß manchmal die beste Verteidigung der Angriff ist.) Hier scheint die nächstliegende Antwort zu sein: Die

Minderheit der jeweils Herrschenden hat vor allem die Schule, die Presse und meistens auch die religiösen Organisationen in ihrer Hand. Durch diese Mittel beherrscht und leitet sie die Gefühle der großen Masse und macht diese zu ihrem willenlosen Werkzeug.

Aber auch diese Antwort erschöpft nicht den ganzen Zusammenhang, denn es erhebt sich die Frage: Wie ist es möglich, daß sich die Masse durch die genannten Mittel bis zur Raserei und Selbstaufopferung entflammen läßt? Die Antwort kann nur sein: Im Menschen lebt ein Bedürfnis zu hassen und zu vernichten. Diese Anlage ist in gewöhnlichen Zeiten latent vorhanden und tritt dann nur beim Abnormalen zutage; sie kann aber verhältnismäßig leicht geweckt und zur Massenpsychose gesteigert werden. Hier scheint das tiefste Problem des ganzen verhängnisvollen Wirkungskomplexes zu stecken. Hier ist die Stelle, die nur der große Kenner der menschlichen Triebe beleuchten kann.

Dies führt auf eine letzte Frage: Gibt es eine Möglichkeit, die psychische Entwicklung der Menschen so zu leiten, daß sie den Psychosen des Hasses und des Vernichtens gegenüber widerstandsfähiger werden? Ich denke dabei keineswegs nur an die sogenannten Ungebildeten. Nach meinen Lebenserfahrungen ist es vielmehr gerade die sogenannte „Intelligenz", welche den verhängnisvollen Massensuggestionen am leichtesten unterliegt, weil sie nicht unmittelbar aus dem Erleben zu schöpfen pflegt, sondern auf dem Wege über das bedruckte Papier am bequemsten und vollständigsten zu erfassen ist.

Warum Krieg? 17–20

Gefühlsleben und Moral

Aus den Erfahrungen an uns selbst wissen wir, daß unser bewußtes Handeln durch unsere Wünsche und Befürchtungen bestimmt wird. Intuitiv erkennen wir, daß es sich auch bei unseren Mitmenschen und den höheren Tieren so verhält. Alle fliehen Tod und Schmerz und suchen, angenehme Gefühle zu erlangen. Alle sind in ihrem Handeln durch Gefühle beherrscht. Diese Gefühle sind so eingerichtet, daß unser Handeln im allgemeinen der Selbsterhaltung und der Erhaltung der Art dienen. Hunger, Liebe, Schmerz, Furcht sind solche inneren Kräfte, die das Individuum lebenserhaltend beherrschen; weiterhin wird das Verhalten des sozialen Geschöpfes zu seinesgleichen durch Gefühle wie Sympathie, Eitelkeit, Haß, Machtbedürfnis, Mitleid beherrscht. Alle solche durch Worte nur mangelhaft ausdrückbaren Elementar-Gefühle liegen auch dem menschlichen Handeln zugrunde. Jegliches Handeln würde aufhören, wenn diese mächtigen elementaren Kräfte aufhörten, in uns zu wirken.

Die uns beherrschenden Elementar-Gefühle scheinen ziemlich genau übereinzustimmen mit den bei den höheren Tieren wirkenden, wie verschieden auch unser Handeln von dem der Tiere erscheinen mag. Der in die Augen springende Unterschied wird bedingt durch die bedeutende Rolle, welche eine verhältnismäßig starke Vorstellungskraft und die durch sprachliche und andere Zeichen unterstützte Denkfähigkeit beim Menschen spielen. Das Denken ist der ordnende Faktor, der beim Menschen zwischen die verursachenden Elementar-Gefühle und das Handeln geschaltet ist.

So treten Phantasie und Verstand in ihrer Rolle als Diener der Elementar-Gefühle ins Dasein. Durch ihr Dazwischentreten wird erreicht, daß die Handlungen immer weniger unmittelbar der Gefühls-Befriedigung dienen. Das elementare Gefühl heftet sich an immer ferner liegende Ziele. Diese Gefühle setzen den Verstand in Funktion, und dieser verursacht Zwischenhandlungen, indem er diese durch Gefühle beflügelt, die ihrerseits von dem Endziel erborgt sind. Dieser immer wieder in Funktion tretende Mechanismus bringt es zuwege, daß Vorstellungen und Gedanken einen starken Affektionswert erlangen, wenn die Ziele längst vergessen sind, denen sie ihren Affektionswert verdanken. In abnormen Fällen solch intensiver, erborgter Gefühle, die sich an Gegenstände von an sich fehlendem Affektionswert hängen, spricht man von Fetischismus. Aber auch in dem normalen Seelenleben spielt der hier angedeutete Vorgang eine eminent wichtige Rolle. Ja, es ist sogar kein Zweifel, daß wir diesem Vorgang, den wir auch als Vergeistigung der Gefühle oder als Beseelung der Gedanken bezeichnen können, die subtilsten Freuden verdanken, deren ein Mensch fähig ist: die Freude an der Schönheit von Kunstwerken und von logischen Gedankengängen. SJ 30–32

Der einzelne in Staat und Gesellschaft

Der Staat als Diener des Menschen

Darf ich mit einem politischen Bekenntnis beginnen? Es lautet: Der Staat ist für die Menschen und nicht die Menschen für den Staat. Von der Wissenschaft kann das gleiche gesagt werden wie vom Staat. Dies sind alte Formeln, geprägt von solchen, die die menschliche Persönlichkeit als den höchsten menschlichen Wert ansehen. Ich würde mich scheuen, sie zu wiederholen, wenn sie nicht immer wieder in Vergessenheit zu geraten drohten, ganz besonders in unserer Zeit der Organisation und Schablone. Als wichtigste Aufgabe des Staates sehe ich die, das Individuum zu schützen und ihm die Möglichkeit zu bieten, sich zur schöpferischen Persönlichkeit zu entfalten.

Der Staat soll also unser Diener sein, nicht wir Sklaven des Staates. Dies Gebot verletzt der Staat, wenn er uns mit Gewalt dazu zwingt, Militär- und Kriegsdienst zu leisten, zumal dieser knechtische Dienst zum Ziel und zur Wirkung hat, Menschen anderer Länder zu vernichten oder in ihrer Entwicklungsfreiheit zu schädigen. Wir sollen für den Staat nur solche Opfer bringen, welche der freien Entwicklung menschlicher Individuen zugute kommen. WB 57 f.

Individuum und Gesellschaft

Der Mensch ist gleichzeitig ein „solitary being" und ein „social being". Als „solitary being" sucht er seine eigene Existenz sowie die seiner Nächsten zu sichern, seine persönlichen Wünsche zu erfüllen und die in ihm schlummernden Fähigkeiten zu entfalten. Als „social being" sucht er die Zuneigung und Anerkennung seiner Mitmenschen zu erringen, deren Leiden und Freuden zu teilen und deren Schicksal zu bessern. Diese so oft miteinander in Konflikt stehenden Strebungen machen erst in ihrer Vereinigung den besonderen Charakter des Menschen aus und sind bestimmend für das innere Gleichgewicht und für den sozialen Wert eines Menschen. Die relative Stärke dieser beiden Kräfte mag weitgehend angeboren sein. Aber die zufällige Umgebung des heranwachsenden Menschen, die Struktur der Gesellschaft und die in dieser Gesellschaft lebendige Traditionsmasse bestimmen doch weitgehend die resultierende Persönlichkeit. Vom Individuum aus gesehen bedeutet das abstrakte Wort „Gesellschaft" die Gesamtheit seiner direkten und indirekten Beziehungen zu zeitgenössischen Individuen und zu den Individuen der früheren Generationen. Das Individuum allein ist fähig zu denken, zu fühlen, zu streben und zu arbeiten; aber es ist in seiner physischen, intellektuellen und emotionellen Existenz so abhängig von der Gesellschaft, daß es ohne letztere gar nicht gedacht werden kann. Nahrung, Kleidung, Wohnung, Sprache, die Formen des Denkens und den Hauptteil seiner Denkinhalte empfängt es von der Gesellschaft; es lebt durch die Arbeit und Leistung der unzähligen Individuen der Gegenwart und Vergangenheit, welche hinter dem Wörtchen „Gesellschaft" verborgen sind.

Die enge Verbundenheit von Individuum und Gesellschaft ist also naturgegeben und unabänderlich – wie etwa bei den Ameisen und Bienen. Während aber bei letzteren der ganze Lebensprozeß durch starre Instinkte bis ins kleinste erblich festgelegt ist, sind die dem Menschen eigentümlichen sozialen Formen und Wechselwirkungen weitgehend variabel und formbar. Gedächtnis,

Kombinationsvermögen und die Gabe der sprachlichen Mitteilung bedingen es, daß es in der menschlichen Sphäre eine Entwicklung gibt, die von den biologischen Gegebenheiten weitgehend unabhängig ist. Diese Entwicklung zeigt sich in den Traditionen, Institutionen und Organisationen, im Schrifttum, in dem Wirken der Wissenschaft und Technik, in den künstlerischen Erzeugnissen. Damit hängt es zusammen, daß der Mensch in gewissem Sinne durch sein Handeln sein Schicksal selber in der Hand hat und daß bei ihm das bewußte Denken und Wollen eine Rolle spielen kann.

Der Mensch empfängt mit seiner Geburt ein biologisches Erbteil, das für unsere Betrachtung konstant und unabänderlich ist, mit Einschluß der für die Spezies charakteristischen Naturtriebe. Außerdem empfängt der Mensch während seines Lebens von der Gesellschaft ein kulturelles Erbteil, das durch Mitteilung und andere Arten der Beeinflussung auf ihn übertragen wird; dies kulturelle Erbteil ist es, welches geschichtlichen Wandlungen unterworfen ist und welches die Beziehungen zwischen Individuum und Gesellschaft weitgehend bestimmt. Die moderne Anthropologie hat durch das Studium und die Vergleichung sogenannter primitiver Kulturen gezeigt, daß das soziale Verhalten der Menschen weitgehend verschieden sein kann, je nach der Beschaffenheit des kulturellen Erbgutes und der in der Gesellschaft maßgebenden Organisationen. Hierauf dürfen diejenigen ihre Hoffnungen gründen, welche eine Verbesserung des menschlichen Loses anstreben: Der Mensch ist *nicht* auf Grund seines biologischen Erbes von vornherein verdammt zur gegenseitigen Vernichtung oder zum selbstgeschaffenen grausamen Schicksal.

Wenn wir uns fragen, wie die Struktur der Gesellschaft

und die durch Gestaltung der Tradition bestimmte Einstellung der Individuen sein müßte, um das Dasein der Menschen möglichst befriedigend zu machen, so müssen wir vor allem jene Faktoren fest im Sinne behalten, deren Veränderung nicht in unserer Hand liegt. Abgesehen von der im wesentlichen fest gegebenen biologisch fixierten Erbmasse der Individuen müssen wir hier eines Umstandes gedenken, den die technische Entwicklung der letzten Jahrhunderte mit sich gebracht hat: Die Versorgung unserer dichten Bevölkerungen mit den lebensnotwendigen Verbrauchsgütern setzt eine weit getriebene Arbeitsteilung und eine starke Zentralisierung des Produktionsapparates voraus. Die uns im Rückblick idyllisch erscheinende Selbstversorgung des Individuums oder verhältnismäßig kleiner Gruppen liegt unwiederbringlich hinter uns. Mit leichter Übertreibung kann man heute schon sagen: Die Menschen bilden eine planetarische Produktions- und Konsumgemeinschaft. SJ 189–191

Gemeinschaft und Persönlichkeit

Wenn wir über unser Leben und Streben nachdenken, so bemerken wir bald, daß fast all unser Tun und Wünschen an die Existenz anderer Menschen gebunden ist. Wir bemerken, daß wir unserer ganzen Art nach den gesellig lebenden Tieren ähnlich sind. Wir essen Speisen, die von anderen Menschen erzeugt sind, wir tragen Kleidungsstücke, die andere Menschen hergestellt haben, und bewohnen Häuser, die andere Menschen gebaut haben. Das meiste, was wir wissen und glauben, haben uns andere Menschen mitgeteilt mittels einer Sprache, die andere geschaffen haben. Unser Denkvermögen wäre ohne Sprache gar ärmlich, dem der höheren Tiere vergleichbar, so daß wir wohl gestehen müssen, daß wir dasjenige, was wir vor den Tieren in erster Linie voraushaben, unserem Leben in menschlicher Gemeinschaft zu verdanken haben. Der einzelne – von Geburt an allein gelassen – würde in seinem Denken und Fühlen tierähnlich-primitiv bleiben in einem Maß, das wir uns nur schwer vorzustellen vermögen. Was der einzelne ist und bedeutet, ist er nicht so sehr als Einzelgeschöpf, sondern als Glied einer großen menschlichen Gemeinschaft, die sein materielles und seelisches Dasein von der Geburt bis zum Tod leitet.

Was ein Mensch für seine Gemeinschaft wert ist, hängt in erster Linie davon ab, inwieweit sein Fühlen, Denken und Handeln auf die Förderung des Daseins anderer Menschen gerichtet ist. Je nach der Einstellung eines Menschen in dieser Beziehung pflegen wir ihn als gut oder schlecht zu bezeichnen. Es sieht auf den ersten Blick so aus, wie wenn die sozialen Eigenschaften eines Menschen allein für seine Beurteilung maßgebend wären.

Und doch wäre eine solche Auffassung nicht richtig. Es läßt sich leicht erkennen, daß alle die materiellen, geistigen und moralischen Güter, die wir von der Gesellschaft empfangen, im Lauf der unzähligen Generationen von schöpferischen Einzelpersönlichkeiten herstammen. Einer hat einmal den Gebrauch des Feuers, einer den Anbau von Nährpflanzen, einer die Dampfmaschine erfunden.

Nur das einzelne Individuum kann denken und dadurch für die Gesellschaft neue Werte schaffen, ja selbst neue moralische Normen aufstellen, nach welchen sich das Leben der Gemeinschaft vollzieht. Ohne schöpferische, selbständig denkende und urteilende Persönlichkeiten ist eine Höherentwicklung der Gesellschaft ebensowenig denkbar wie die Entwicklung der einzelnen Persönlichkeit ohne den Nährboden der Gemeinschaft.

Eine gesunde Gesellschaft ist also ebenso an Selbständigkeit der Individuen geknüpft wie an deren innige soziale Verbundenheit. Es ist mit viel Berechtigung gesagt worden, daß die griechisch-europäisch-amerikanische Kultur überhaupt, im besonderen die Kulturblüte der die Stagnation des Mittelalters in Europa ablösenden italienischen Renaissance, auf der Befreiung und auf der relativen Isolierung des Individuums beruhe.

Blicken wir nun auf die Zeit, in der wir leben! Wie steht es mit der Gemeinschaft, wie mit der Persönlichkeit? Die Bevölkerung in den Kulturländern ist gegenüber früheren Zeiten ungemein dicht; Europa beherbergt heute ungefähr dreimal soviel Menschen als vor hundert Jahren. Aber die Zahl der Führernaturen hat unverhältnismäßig abgenommen. Nur wenige Menschen sind durch ihre produktive Leistung den Massen als Persönlichkeiten bekannt. Organisation hat bis zu einem gewissen Maße die Führernaturen ersetzt, besonders auf dem Gebiet der Technik, aber in einem recht fühlbaren Grad auch auf dem Gebiet der Wissenschaft.

Besonders empfindlich macht sich der Mangel an Individualitäten auf dem Gebiet der Kunst bemerkbar. Malerei und Musik sind deutlich degeneriert und haben ihre Resonanz im Volke weitgehend verloren. In der Politik fehlt es nicht nur an Führern, sondern die geistige Selbständigkeit und das Rechtsgefühl des Bürgers sind weitgehend gesunken. Die demokratische, parlamentarische Organisation, welche eine solche Selbständigkeit zur Voraussetzung hat, ist an vielen Orten ins Wanken geraten.

WB 11f.

Der Kampf der Individuen und Gruppen

Die Tragik des modernen Menschen liegt – allgemein gesehen – darin: Er hat für sich selber Daseinsbedingungen geschaffen, denen er auf Grund seiner phylogenetischen Entwicklung nicht gewachsen ist. Furcht, Haß, Streitsucht und Habgier, die auf den primitiven Lebensstufen seiner Selbstbehauptung dienten, bedrohen seine Existenz unter den Bedingungen des Daseins, die er in den letzten paar Jahrtausenden mit stetig und rapid steigender Schnelligkeit selber herbeigeführt hat. Unter diesen veränderten Existenzbedingungen bedroht ihn seine psychische Erbmasse mit rascher Vernichtung.

Wenn man in den Zeitungen die Geschehnisse in der Politik der Staaten verfolgt, so scheint es keine Rettung zu geben; der lebensfeindliche Teil der psychischen Erbmasse des Menschen erscheint dann übermächtig und unüberwindlich, das Verderben unter den heutigen technischen Bedingungen unaufhaltsam.

Beobachtet man aber das Verhalten der Menschen in einer engeren Gemeinschaft, zum Beispiel einer Stadt, so sieht man ein weniger düsteres Bild. Auch hier überwiegen die egoistischen die altruistischen Tendenzen beträchtlich, aber doch weit weniger als in der internationalen Politik. Tradition und Erziehung haben ihren mäßigenden Einfluß auf die Individuen ausgeübt; unmittelbare Gewalttat wird durch die Polizei so gut wie verhindert – ein einigermaßen erträgliches Verhältnis der Menschen zueinander ist erreicht. Institutionen bilden sich, deren lebensfördernde Wirkung allen zugute kommt. All dies wäre unmöglich, wenn die lebensfördernden sozialen Triebe unserer psychischen Erbmasse neben den rein egoistischen nicht in erheblichem Maße für das menschliche Handeln bestimmend wären.

Ähnlich ist es innerhalb einzelner Staaten. Auch hier ist der Kampf der Individuen und Gruppen gegeneinander auf ein erträgliches Maß reduziert und ein Zustand der Organisation erreicht, der das Leben der Individuen einigermaßen sichert.

Nur bezüglich der Beziehungen der Staaten untereinander besteht fast völlige Anarchie. Konflikte werden, wenn sie für erheblich genug erachtet werden, durch nackte Gewalt, durch Kriege, entschieden und das ungezügelte Streben nach Machterweiterung macht sich überall ungehindert geltend, so sich die physische Möglichkeit bietet.

Dieser Zustand der Anarchie auf dem internationalen Gebiete hat unvorstellbare Leiden und Vernichtung über die Menschen gebracht und die seelische und materielle Entwicklung der Menschen und ihrer Institutionen immer wieder verstümmelt, zum Teil für beschränkte Zeiten und Gebiete geradezu völlig vernichtet. SJ 183–185

Regierungsmacht und Volkswille

Eine Regierung ist an sich insofern überhaupt ein Übel, als sie die Tendenz in sich trägt, in Tyrannei auszuarten. Jeder – außer einem Häuflein übrig gebliebener Anarchisten – ist jedoch davon überzeugt, daß ohne Regierung eine zivilisierte Gesellschaft überhaupt nicht möglich ist. In einer gesunden Nation gibt es eine Art dynamisches Gleichgewicht zwischen Volkswillen und Regierungsmacht, welche eine Degeneration der Regierung in Tyrannei verhindert. Es ist klar, daß die

Gefahr solcher Degeneration in einem Staate größer ist, in welchem die Regierung nicht nur über die bewaffnete Macht, sondern auch über alle Mittel der Erziehung und Aufklärung, sowie über die wirtschaftliche Existenz jedes Einzelnen verfügt. Ich sage dies nur, um anzudeuten, daß der Sozialismus an sich noch nicht als Lösung der sozialen Probleme angesehen werden kann, sondern nur als ein Rahmen für deren Lösung.

Frieden 452

Die politischen Führer und Regierungen verdanken ihre Stelle teils der Gewalt, teils der Wahl durch die Masse. Sie können nicht als eine Vertretung des geistig und moralisch höherstehenden Teiles der Nationen angesehen werden. Die geistige Elite übt aber heute keinen direkten Einfluß auf die Geschichte der Völker aus; ihre Zersplitterung verhindert ihre direkte Mitwirkung bei der Lösung der Probleme der Stunde. Glauben Sie nicht, daß hier durch eine freie Verbindung von Personen, die durch ihr bisheriges Schaffen und Wirken eine Garantie für ihre Fähigkeiten und die Lauterkeit ihres Wollens bieten, Wandel geschaffen werden könnte?

Diese Gemeinschaft von internationalem Charakter, deren Mitglieder durch ständigen Austausch der Meinungen in Fühlung bleiben müßten, könnte durch Stellungnahme in der Presse – immer unter der Verantwortung der jeweils unterzeichnenden Mitglieder – auf die Lösung politischer Fragen einen bedeutenden und heilsamen moralischen Einfluß gewinnen. Frieden 203

Die Verantwortung der „Intellektuellen"

Die Kraft der Verfassung liegt allein in der Entschlossenheit jedes einzelnen Bürgers, sie zu verteidigen. Nur wenn die einzelnen Bürger von der Pflicht erfüllt sind, ihren Teil zu dieser Verteidigung beizutragen, sind die verfassungsmäßigen Rechte gesichert. Jedem wird dadurch eine Pflicht auferlegt, der er sich nicht entziehen darf, trotz der Risiken und Gefahren, die für ihn und die Seinen mit dieser Pflichterfüllung verbunden sind.

Im Prinzip sind alle im gleichen Maße an der Verteidigung der verfassungsmäßigen Rechte beteiligt. Die „Intellektuellen" in dem weitesten Sinne des Wortes sind aber insofern in einer besonderen Lage, als sie infolge ihrer besonderen Ausbildung einen besonders großen Einfluß auf die Bildung der öffentlichen Meinung haben. Deshalb haben es diejenigen, die an die Stelle der demokratischen Republik einen autoritären Staat setzen wollen, besonders auf die Einschüchterung und Knebelung dieser Kategorie abgesehen. Insofern ist es in der gegenwärtigen Situation besonders wichtig, daß die Intellektuellen ihre Pflicht tun. Diese Pflicht sehe ich darin, an keiner Veranstaltung mitzuwirken, welche die verfassungsmäßigen Rechte des Individuums verletzt. Dies gilt im besonderen für alle die Inquisitionen, welche sich auf das Privatleben und die politischen Verbindungen der Bürger beziehen. Wer da kooperiert, macht sich zum Mitschuldigen an Akten der Verletzung oder Außerkraftsetzung der Verfassung.

Es ist für die Verteidigung der Staatsbürgerrechte wichtig, daß all den Opfern der genannten Inquisitionen, solchen, die die Aussage verweigert haben, und darüber hinaus denen, die sonstwie durch die Inquisitionen in ihrer wirtschaftlichen Existenz geschädigt wurden, in passender Weise geholfen wird, insbesondere durch Arbeitsbeschaffung und rechtlichen Beistand. Frieden 549 f.

Politik und Kapital

Das Privatkapital hat die Tendenz, sich in wenigen Händen zu konzentrieren, teils infolge der Konkurrenz zwischen den Kapitalbesitzern, teils auch wegen des Umstandes, daß der technologische Fortschritt und die mit ihm verbundene fortschreitende Arbeitsteilung die größeren Produktions-Organismen gegenüber den kleineren begünstigt. Es resultiert eine Oligarchie des Privatkapitals, deren Macht auch eine demokratische politische Organisation der Gesellschaft nicht gewachsen ist. Dies hängt damit zusammen, daß die Wahl in die gesetzgebenden Körperschaften von Vorschlägen der politischen Parteien abhängt; die Finanzierung der Parteien aber ist weitgehend vom Privatkapital abhängig, das auf solche Weise gewissermaßen zwischen die Wählerschaft und die gesetzgebenden Körperschaften geschaltet ist. Dies bedingt, daß die Volksvertreter die Interessen der nicht begüterten Volksteile nicht in genügendem Maße vertreten. Außerdem ist es unter den obwaltenden Verhältnissen unvermeidlich, daß das Privatkapital die Informationsquellen des Publikums (Presse, Radio, Schulwesen) teils direkt, teils indirekt weitgehend kontrolliert. Dadurch wird es dem einzelnen schwer, sich ein objektives Urteil zu bilden und von seinen politischen Rechten einen vernünftigen Gebrauch zu machen. SJ 193 f.

Es wird produziert für den Profit, statt für den Bedarf. Es ist nicht dafür gesorgt, daß die ganze arbeitsfähige Bevölkerung am Produktionsprozeß beteiligt ist. Es gibt immer ein „Heer der Arbeitslosen". Jeder muß um seinen Arbeitsplatz zittern, wenn er einen hat. *Für* die Arbeitslosen und schlecht Bezahlten zu produzieren, lohnt sich im allgemeinen nicht. Viel Not und Schrumpfung der Produktion von Konsumgütern ist die Folge. Der technologische Fortschritt hat zur Folge, daß die Arbeitslosigkeit zunimmt, statt die Arbeitslast aller zu vermindern. Das Profitmotiv in Verbindung mit der Konkurrenz der Kapitalbesitzer bringt eine Instabilität in der Verwendung des Kapitals mit sich, die zu den immer häufiger sich wiederholenden „Depressionen" führt. Hemmungslose Konkurrenz führt zu einer maßlosen Verschwendung von Arbeitskraft und zu der schon erwähnten Verkrüppelung der sozialen Seite in der Veranlagung der Individuen. Diese Verkrüppelung halte ich für das größte Übel, das der „Kapitalismus" mit sich bringt. Dieses Übel macht sich schon im Erziehungswesen geltend, in welchem das junge Individuum mit einem übertriebenen kompetitiven Geist erfüllt und zur Bewunderung des akquisitiven Erfolges erzogen wird: eine Vorbereitung für das spätere Berufsleben. SJ 194 f.

Das wahre Ziel menschlichen Zusammenlebens

Unsere Zeit ist stolz darauf, daß sie es weit gebracht hat in der intellektuellen Entwicklung der Menschen. Das Streben nach Wahrheit und Erkenntnis gehört zum Schönsten, dessen der Mensch fähig ist, wenn auch der Stolz auf dieses Streben meist im Munde derjenigen ist, die am wenigsten von solchem Streben erfüllt sind. Auch sollen wir uns wohl davor hüten, den Intellekt zu unserem Gotte zu erheben; er hat zwar gewaltige Muskeln aber keine Persönlichkeit. Er kann nicht führen, sondern nur dienen, und er ist nicht wählerisch in der Wahl seines Herrn. Diese Eigenschaft spiegelt sich auch in der Eigenart seiner Priester, der Intellektuellen.

Der Intellekt hat ein scharfes Auge für Mittel und Werkzeuge, ist aber blind für Ziele und Werte. So ist es kein Wunder, wenn sich diese verhängnisvolle Art der Blindheit auch auf seine Jünger, ja auf unsere ganze Generation übertragen hat.

Unsere jüdischen Vorfahren, die Propheten und die alten chinesischen Weisen haben klar erkannt und ausgesprochen, daß die Setzung und Befestigung des Zieles für die Gestaltung unseres menschlichen Daseins das Wichtigste ist; das Ziel aber ist eine Gemeinschaft froher und freier Menschen, die in ständigem inneren Streben sich von der Erbschaft antisozialer, destruktiver Triebe zu befreien trachten. In den Dienst solchen Strebens gestellt, wird der Intellekt zum mächtigsten Helfer. Die Früchte intellektuellen Strebens zusammen mit dem Streben selbst werden im Verein mit künstlerischem Schaffen dem Leben Inhalt und Sinn verleihen. SJ 252

Die Freiheit des Menschen

Was ist Freiheit?

Unter Freiheit verstehe ich einen solchen Zustand der Gesellschaft, in dem Äußerung einer Meinung oder Behauptung über allgemeine und spezielle Gegenstände der Erkenntnis für die Existenz desjenigen, der sie äußert, keine Gefährdung oder ernsthafte Benachteiligung mit sich bringen. Diese Freiheit der Mitteilung ist unerläßlich für die praktisch so wichtige Entwicklung und Verbreitung wissenschaftlicher Erkenntnis. Sie muß in erster Linie durch das Gesetz verbürgt sein. Das Gesetz allein aber kann die Freiheit der Äußerung nicht verbürgen; es muß eine tolerante Einstellung der ganzen Bevölkerung hinzukommen, damit jedermann ungestraft seine Meinung vertreten kann. Ein solches Ideal äußerer Freiheit kann nie völlig erreicht, muß aber unablässig erstrebt werden, wenn das wissenschaftliche und überhaupt das kritische und produktive Denken nach Möglichkeit gefördert werden soll.

Zur Entfaltung der Wissenschaft und überhaupt der produktiven geistigen Tätigkeit bedarf es aber noch einer anderen Art von Freiheit, die man als innere Freiheit bezeichnen könnte. Es ist jene Freiheit des Geistes, die in der Unabhängigkeit des Denkens von Fesseln autoritärer und gesellschaftlicher Vorurteile sowie von Fesseln unkritischer Routine und Gewohnheit besteht. Diese innere Freiheit ist eine seltene Gabe der Natur und ein würdiges Ziel für das Individuum. Aber auch für die Erzielung dieser inneren Freiheit kann die Gemeinschaft vieles leisten, indem sie wenigstens deren Entfaltung nicht verhindert. Die Schule kann nämlich durch autoritäre Beeinflussung und durch übertriebene geistige Belastung der jugendlichen Individuen die Entfaltung der inneren Freiheit verhindern oder durch Ermutigung unabhängigen Denkens begünstigen. Nur wenn äußere und innere Freiheit dauernd und bewußt erstrebt werden, ist die Möglichkeit zu geistiger Entwicklung und zur Vervollkommnung und Verbesserung des äußeren und inneren Lebens gegeben. SJ 52 f.

Es gibt ja objektiv keine Willensfreiheit. Ich denke, daß wir uns gegen Menschen schützen müssen, die für andere eine Gefahr sind, ganz unabhängig davon, wie ihre Handlungen determiniert sein mögen. Was braucht es da das Kriterium der Verantwortlichkeit? Ich glaube, daß der erschreckende Verfall im ethischen Verhalten der Menschen in erster Linie mit der Mechanisierung und Entpersönlichung unseres Lebens zu tun hat – ein verhängnisvolles Nebenprodukt der Entwicklung des wissenschaftlich-technischen Geistes. Nostra culpa! Ich sehe nicht den Weg, um diesem verhängnisvollen Mangel beizukommen. Der Mensch erkaltet schneller als der Planet, auf dem er sitzt. Briefe 79

Formen der Toleranz

Wenn ich nun darüber nachdenke, was eigentlich Toleranz sei, fällt mir die drollige Definition ein, die der humorvolle Wilhelm Busch von der Enthaltsamkeit gegeben hat:

Enthaltsamkeit ist das Vergnügen
An Dingen, welche wir nicht kriegen.

So möchte ich sagen: Toleranz ist das menschenfreundliche Verständnis für Eigenschaften, Auffassungen und Handlungen anderer Individuen, die der eigenen Gewohnheit, der eigenen Überzeugung und dem eigenen Geschmack fremd sind. Toleranz heißt also nicht Gleichgültigkeit gegen das Handeln und Fühlen des oder der andern; es muß auch Verständnis und Einfühlung dabei sein ...

Das Große und Edle kommt von der einsamen Persönlichkeit, sei es ein Kunstwerk oder eine bedeutende schöpferische wissenschaftliche Leistung. Die europäische Kultur erlebte ihren wichtigsten Aufschwung aus dumpfem Verharren heraus, als die Renaissance dem Individuum Möglichkeiten zur freien Entfaltung bot.

Die wichtigste Art der Toleranz ist deshalb die der Gesellschaft und des Staates gegen das Individuum. Der Staat ist gewiß nötig, um dem Individuum die Sicherheit für seine Entwicklung zu geben, aber wenn er zur Hauptsache wird und der einzelne Mensch zu seinem willenlosen Werkzeug, dann gehen alle feineren Werte verloren. Wie der Fels erst verwittern muß, damit Bäume auf ihm wachsen können, und der Ackerboden erst aufgelockert werden muß, damit er seine Fruchtbarkeit entfalten kann, so sprießen auch aus der menschlichen Gesellschaft nur dann wertvolle Leistungen hervor, wenn sie genügend gelockert ist, um dem einzelnen freie Entfaltung seiner Fähigkeiten zu ermöglichen. Briefe 86 f.

Die Bedeutung der akademischen Freiheit

Unter „akademischer Freiheit" verstehe ich das Recht, nach der Wahrheit zu suchen und das für wahr Gehaltene zu publizieren und zu lehren. Mit diesem Recht ist auch eine Pflicht verbunden, nämlich, nicht einen Teil des als wahr Erkannten zu verschweigen. Es ist klar, daß jede Einschränkung der akademischen Freiheit dahin wirkt, die Verbreitung der Erkenntnis unter den Menschen zu behindern und dadurch vernünftiges Urteilen und Handeln zu erschweren.

Die Bedrohung der akademischen Freiheit in unserer Zeit liegt darin, daß unter dem Vorwande, daß das Land von außen bedroht sei, Lehrfreiheit, gegenseitiger Austausch von Meinungen und freie Publizistik beeinträchtigt, beziehungsweise unterdrückt werden. Dies geschieht durch Schaffung einer Situation, in der sich jeder in seiner ökonomischen Situation bedroht fühlt. Die Folge ist, daß mehr und mehr Menschen es vermeiden, ihre Ansichten offen auszusprechen, selbst nicht im privaten geselligen Leben. Es ist ein Zustand, in dem eine demokratische Republik auf die Dauer nicht bestehen kann.

SJ 199

Freiheit der Forschung und Sicherung der Anwendung ihrer Ergebnisse hängt von politischen Faktoren ab. Auf diese Entwicklung haben die Forscher nicht als solche, sondern nur als Bürger Einfluß. Hieraus folgt, daß der Forscher die Pflicht hat, in den politischen Fragen im Sinne obiger Ziele aktiv zu sein. Er muß den Mut haben, in politischen und ökonomischen Fragen auch als Lehrer und Publizist seine durch Studium begründeten Überzeugungen klar zu vertreten. Gegen Verkrüppelung der Lehr- und Publikationsfreiheit sollte er sich und die Allgemeinheit durch Zusammenschluß und kollektives Handeln nach Möglichkeit schützen und für Gefährdung auf diesem Gebiete stets ein wachsames Auge haben.

Freiheit der Lehre und Schutz der ethnischen und religiösen Minderheiten sind Grundpfeiler eines freiheitlichen Staates. Diese Wahrheit sowie das Bewußtsein der Bedeutung der Unantastbarkeit der Rechte des Individuums im Bewußtsein des Volkes lebendig zu erhalten, ist eine der wichtigsten Aufgaben der Schule. Bedeutende Wirkungsmöglichkeiten sind in die Hände des Lehrers gelegt und große Verantwortung ruht auf ihm. Es gibt keine besondere Methode, die in dieser wichtigen Angelegenheit den Erfolg sichert; geistige Atmosphäre und Vorbild sind hier noch wirksamer als Wissen und Verstehen. Frieden 298

Ich brauche nicht besonders zu versichern, daß Freiheit der Lehre und der Meinungsäußerung in Buch und Presse das Fundament jeder gesunden geistigen Entwicklung eines Volkes ist. Die Geschichte, auch das allerletzte Kapitel derselben, spricht eine nur zu deutliche Sprache. Es ist unabweisbare Pflicht jedes Menschen, sich für die Erhaltung und Erweiterung dieser Freiheiten mit aller Energie einzusetzen und dahin zu wirken, daß das Bewußtsein der bestehenden Bedrohung in der Öffentlichkeit lebendig werde.

Wenn auch eine wirkliche Lösung der Schwierigkeiten erst durch eine Lösung der großen ökonomischen Probleme in demokratischem Sinne möglich ist, so kann und muß doch durch Aufklärung der Öffentlichkeit der Boden für die Lösung vorbereitet werden. Auch ist dies vorläufig das einzige Mittel, die schlimmsten Schäden zu verhindern.

Also seien wir alle energisch, wachsam und unermüdlich, damit nicht später auch von der intellektuellen Schicht dieses Landes gesagt werde: Sie waren des von den Vätern erkämpften Besitzes unwürdig und unterwarfen sich kampflos und feige. SJ 176f.

Die Menschenrechte

Die Existenz und Geltung von Menschenrechten steht nicht in den Sternen geschrieben. Die Ideale des Verhaltens der Menschen gegeneinander und der Gestaltung der Gemeinschaft sind im Laufe der Geschichte von erleuchteten Individuen erschaut und gelehrt worden. Diese Ideale und Überzeugungen, welche der geschichtlichen Erfahrung, der Einfühlung und dem Bedürfnis nach Schönheit und Harmonie entspringen, sind meist bereitwillig von den Menschen anerkannt, zu allen Zeiten aber von denselben Menschen unter dem Druck ihrer animalischen Instinkte in den Staub getreten worden. Die Geschichte ist zum großen Teil erfüllt vom Kampf um jene Menschenrechte, einem ewigen Kampf, in dem es keinen endgültigen Sieg geben kann und dessen Erlahmen den Ruin der Gemeinschaft bedeuten würde.

Wenn wir heute von Menschenrechten reden, dann haben wir in erster Linie die folgenden Forderungen im Auge: Sicherung des Individuums gegen willkürliche Eingriffe von Seiten anderer Individuen oder des Staates; das Recht auf Arbeit und adäquaten Arbeitsertrag; Freiheit der Diskussion und der Lehre; adäquate Beteiligung des Individuums an der Regierung.

Diese Menschenrechte sind gegenwärtig theoretisch anerkannt, wenn sie auch unter reichlicher Anwendung formal-juristischer Kunstgriffe in weit höherem Maße verletzt werden als vor einer Generation. Es gibt aber noch ein Menschenrecht, von dem wenig gesprochen wird, das aber dazu bestimmt zu sein scheint, eine wichtige Bedeutung zu erlangen: das Recht (beziehungsweise die Pflicht) des Individuums, sich von der Beteiligung an Unternehmungen auszuschließen, wenn es diese als unrecht und verderblich empfindet. Hierzu gehört in erster Linie die Militärdienstverweigerung. Ich habe es erlebt, daß Individuen von ungewöhnlicher moralischer Stärke und Reinheit mit den staatlichen Organen auf dieser Basis in Konflikt gekommen sind. Das Nürnberger Verfahren gegen die deutschen Kriegsverbrecher hat zu stillschweigender Anerkennung des Grundsatzes geführt, daß Regierungsbefehl keine Entlastung gegenüber Verantwortung für verbrecherisches Handeln involviert; Gewissen geht über Staatsgesetz.

Gegenwärtig geht der Kampf in erster Linie um Freiheit der politischen Überzeugung und Diskussion, sowie der Forschung und Lehre. Die Kommunisten-Angst hat bei uns Formen angenommen, die unseren Staat dem Gespött der übrigen zivilisierten Menschheit ausliefern. Wie lange werden wir es dulden, daß machthungrige Politiker auf dieser Basis ihre politischen Geschäfte machen? Manchmal scheint es, daß unsere Zeit so humorlos geworden ist, daß das Wort „Lächerlichkeit tötet" seine Geltung eingebüßt hat. Frieden 595 f.

Der Staat und das individuelle Gewissen

Es ist eine uralte Frage: Wie soll sich der Mensch verhalten, wenn der Staat ihm Handlungen vorschreibt, die Gesellschaft von ihm eine Haltung erwartet, die das eigene Gewissen als unrecht verwirft?

Die Antwort liegt nahe: Du bist völlig abhängig von der Gesellschaft, in der du lebst. Du mußt dich deshalb ihren Vorschriften unterwerfen. Du kannst nicht für solche Handlungen verantwortlich gemacht werden, die unter unwiderstehlichem Zwang zustande kommen.

Man braucht dies nur deutlich auszusprechen, um zu bemerken, wie sehr eine solche Auffassung dem normalen Rechtsgefühl widerstreitet. Äußerer Zwang kann die Verantwortung des Individuums in gewissem Sinne mildern, aber nicht aufheben. Bei Gelegenheit der Nürnberger Prozesse hat man diesen Standpunkt gewissermaßen als selbstverständlich eingenommen.

Was an unseren Institutionen, Gesetzen und Sitten moralisch wertvoll ist, stammt aus den Äußerungen des Rechtsgefühls zahlloser Individuen. Einrichtungen sind im moralischen Sinn ohnmächtig, wenn sie nicht durch das Verantwortungsgefühl lebendiger Individuen gestützt und getragen werden.

Das Bestreben, das moralische Verantwortungsgefühl der Individuen zu wecken und zu stützen, ist daher wichtiger Dienst an der Gesamtheit. WB 13f.

Sie fragen, ob es berechtigt sei, beim Streben nach einer Verbesserung der wirtschaftlichen Organisation die Prinzipien der individuellen Freiheit dem hohen Ziele zuliebe zeitweise außer Kraft zu setzen. Ein feiner und kluger russischer Gelehrter hat mir gegenüber einen derartigen Standpunkt sehr geschickt vertreten, indem er die Erfolge des (wenigstens ursprünglich) mit Zwang und Terror arbeitenden russischen Kommunismus den Mißerfolgen der deutschen Sozialdemokratie in der Nachkriegszeit gegenüberstellte. Er überzeugte mich nicht. Es gibt kein so hohes Ziel, daß in meinen Augen seine Verwirklichung durch unwürdige Methoden gerechtfertigt wäre. Gewalt mag manchmal Hindernisse rasch aus dem Wege geräumt haben; als schöpferisch aber hat sie sich niemals erwiesen. SJ 174

Zwischen den geschriebenen Gesetzen eines Landes und den ungeschriebenen Geboten liegt eine Konfliktzone, die durch unser Gewissen geschaffen wird. Im Falle eines Konfliktes hält sich der Staat an das geschriebene Gesetz; nur zögernd anerkennt er das ungeschriebene Gebot des Gewissens. Aber selbst der Staat hat dem Einzelnen das Recht zugestanden, dem Diktat des ungeschriebenen Gesetzes zu folgen, wenn auf Staatsgesetze gegründete Befehle in krassem Gegensatz zum Gebot des Gewissens stehen. Dieses Prinzip ist in den Nürnberger Prozessen unzweideutig anerkannt worden. Und dieser Präzedenzfall bietet ein wertvolles Instrument im Kampf gegen die sklavische Pflicht des Bürgers, andere Menschen zu töten. Frieden 541

Seit den Nürnberger Gerichtsverfahren haben die Staaten selbst den Standpunkt eingenommen, daß unmoralische Handlungen nicht durch staatlichen Befehl entschuldbar seien. Was aber eine unmoralische Handlung sei, darüber gibt es keine andere Art der Entscheidung als das individuelle Urteil, beziehungsweise das Gewissen. Die Auffassung, daß das moralische Gesetz über dem Staatsgesetz stehe, entspricht durchaus dem allgemeinen Rechtsempfinden.

Weigert sich jemand, auf Grund seiner moralischen Überzeugung einem Staatsgesetz zu folgen, so ist er vom Standpunkt des Staates ein Rechtsbrecher und Rebell, der bestraft werden muß. Es ist also nicht vernünftig, in solchen Fällen an Staatsbeamte zu appellieren, welche die Pflicht haben, das Staatsgesetz durchzuführen. Frieden 540

Arbeit für den Frieden

Für den Frieden kämpfen

Es gäbe genug Geld, genug Arbeit, genug zu essen, wenn wir die Reichtümer der Welt richtig verteilen würden, statt uns zu Sklaven starrer Wirtschaftsdoktrinen oder -traditionen zu machen. Vor allem aber dürfen wir nicht zulassen, daß unsere Gedanken und Bemühungen von konstruktiver Arbeit abgehalten und für die Vorbereitung eines neuen Krieges mißbraucht werden. Ich bin der gleichen Meinung wie der große Amerikaner Benjamin Franklin, der sagte: es hat niemals einen guten Krieg und niemals einen schlechten Frieden gegeben.

Ich bin nicht nur Pazifist, ich bin militanter Pazifist. Ich will für den Frieden kämpfen. Nichts wird Kriege abschaffen, wenn nicht die Menschen selbst den Kriegsdienst verweigern. Um große Ideale wird zunächst von einer aggressiven Minderheit gekämpft. Ist es nicht besser, für eine Sache zu sterben, an die man glaubt, wie an den Frieden, als für eine Sache zu leiden, an die man nicht glaubt, wie an den Krieg? Jeder Krieg fügt ein weiteres Glied an die Kette des Übels, die den Fortschritt der Menschlichkeit verhindert. Doch eine Handvoll Wehrdienstverweigerer kann den allgemeinen Protest gegen den Krieg dramatisieren.

Die Massen sind niemals kriegslüstern, solange sie nicht durch Propaganda vergiftet werden. Wir müssen sie gegen Propaganda immunisieren. Wir müssen unsere Kinder gegen Militarismus impfen, indem wir sie im Geiste des Pazifismus erziehen. Der Jammer mit Europa ist, daß die Völker mit falschen Zielen erzogen worden sind. Unsere Schulbücher verherrlichen den Krieg und unterschlagen seine Greuel. Sie indoktrinieren die Kinder mit

Haß. Ich will lieber Frieden lehren als Haß, lieber Liebe als Krieg.

Die Schulbücher müssen neu geschrieben werden. Statt uralte Konflikte und Vorurteile zu verewigen, soll ein neuer Geist unser Erziehungssystem erfüllen. Unsere Erziehung beginnt in der Wiege: die Mütter der ganzen Welt haben die Verantwortung, ihre Kinder im Sinne der Friedenserhaltung zu erziehen.

Es wird nicht möglich sein, die kriegerischen Instinkte in einer einzigen Generation auszurotten. Es wäre nicht einmal wünschenswert, sie gänzlich auszurotten. Die Menschen müssen weiterhin kämpfen, aber nur, wofür zu kämpfen lohnt: und das sind *nicht* imaginäre Grenzen, Rassenvorurteile oder Bereicherungsgelüste, die sich die Fahne des Patriotismus umhängen. Unsere Waffen seien Waffen des Geistes, nicht Panzer und Geschosse.

Was für eine Welt könnten wir bauen, wenn wir die Kräfte, die ein Krieg entfesselt, für den Aufbau einsetzten. Ein Zehntel der Energien, die die kriegführenden Nationen im Weltkrieg verbraucht, ein Bruchteil des Geldes, das sie mit Handgranaten und Giftgasen verpulvert haben, wäre hinreichend, um den Menschen aller Länder zu einem menschenwürdigen Leben zu verhelfen sowie die Katastrophe der Arbeitslosigkeit in der Welt zu verhindern.

Wir müssen uns stellen, für die Sache des Friedens die gleichen Opfer zu bringen, die wir widerstandslos für die Sache des Krieges gebracht haben. Es gibt nichts, das mir wichtiger ist und mir mehr am Herzen liegt.

Was ich sonst mache oder sage, kann die Struktur des Universums nicht ändern. Aber vielleicht kann meine Stimme der größten Sache dienen: Eintracht unter den Menschen und Friede auf Erden. Warum Krieg? 9–11

Frieden und Freiheit

Es handelt sich aber nicht nur um das sozusagen technische Problem der Sicherung des Friedens, sondern auch um eine wichtige Aufgabe der Aufklärung und Erziehung. Wenn wir den Mächten widerstehen wollen, die zu einer Unterdrückung der geistigen und persönlichen Freiheit drängen, müssen wir uns klar vor Augen halten, was auf dem Spiel steht, was wir jener Freiheit verdanken, die unsere Vorfahren unter schweren Kämpfen errungen haben.

Ohne jene Freiheit hätte es keinen Shakespeare, keinen Goethe, keinen Newton, keinen Faraday und keinen Pasteur gegeben. Es gäbe keine geräumigen Häuser für die Masse des Volkes, keine Eisenbahnen, kein Radio, keinen Schutz gegen die Epidemien, keine billigen Bücher, keine Bildung und keine Segnungen der Kunst für alle. Keine Maschinen würden den Menschen die grobe Arbeit für die Erzeugung der lebensnotwendigen Dinge abnehmen, die meisten Menschen würden ein Leben dumpfer Sklaverei führen wie ehemals in den großen Despotien Asiens. Denn nur der freie Mensch schafft jene Erfindungen und geistigen Werte, die uns modernen Menschen das Leben lebenswert erscheinen lassen.

Ohne Zweifel werden uns die gegenwärtigen Schwierigkeiten der Wirtschaft dazu führen, das Gleichgewicht zwischen Arbeitsangebot und Arbeitsbedarf, zwischen Produktion und Konsum durch gesetzliche Bindungen zu erzielen. Aber wir werden auch dieses Problem als freie Menschen lösen und uns um seinetwillen nicht in eine Sklaverei hineindrängen lassen, die schließlich eine Stagnation jeder gesunden Entwicklung mit sich bringen würde.

Sollen wir uns darüber grämen, daß wir in einer Zeit der Verwicklung, der Gefahr und des Mangels leben? Ich glaube nicht! Der Mensch ist von Natur, wie alle Tiere, träge. Wenn ihn nichts zwickt, dann denkt er kaum und handelt aus Routine ähnlich wie ein Automat. Ich bin so alt, daß ich als Kind und als junger Mann eine solche Zeit erlebte. Der Mensch denkt nur an die Lappalien des persönlichen Daseins, sein Haar ist pomadisiert, er redet wie die andern und handelt wie sie. Man erkennt nur schwer und unsicher, was hinter einer Person steckt; denn alles ist durch das konventionelle Handeln und Reden wie in Watte verpackt.

Wie anders ist es heute! In der grellen Gewitterbeleuchtung einer bewegten Zeit sieht man die Dinge und Menschen wie nackt. Jedes Volk und jeder Mensch zeigt deutlich, welche Ziele, Stärken und Schwächen, welche Leidenschaften ihm eigen sind. Routine wird nutzlos unter den rasch wechselnden Verhältnissen, Konventionen fallen ab wie leere Hülsen.

Der Mensch denkt in seiner Not nach über Mängel der Formen der Wirtschaft und über die Notwendigkeit übernationaler politischer Bindungen. Völker sind nur durch Gefahr und Erschütterungen zur Entwicklung zu bringen; mögen diese Erschütterungen zu guten Folgen führen.

Hinter dieser sehr ästhetischen Wertung unserer Zeit wollen wir aber die Sorge um die ewigen und höchsten Güter bewahren, die dem Leben Sinn geben und die wir unseren Kindern reicher und reiner überliefern wollen, als wir sie von unseren Eltern empfangen haben. SJ 15–17

Die Atombombe erfordert ein neues Denken

In evolutionären Entwicklungen muß sich eine Spezies oft um ihres Fortbestandes willen neuen Lebensbedingungen anpassen. Heute hat die Atombombe das Wesen der uns bekannten Welt verändert, und die menschliche Rasse findet sich daher völlig neuen Lebensbedingungen gegenüber, denen sie ihr Denken anpassen muß.

Darum sind eine Weltbehörde, und schließlich ein Weltstaat, nicht nur im Interesse der Brüderlichkeit unter den Menschen wünschenswert; sie sind zum Weiterleben des Menschen unumgänglich notwendig. In früheren Zeiten konnten Leben und Kultur einer Nation zu einem gewissen Grade durch die Verstärkung der miteinander rivalisierenden nationalen Heere geschützt werden. Heute müssen wir einen solchen Wettbewerb aufgeben und statt dessen zur Zusammenarbeit gelangen. Diese Überlegung muß im Mittelpunkt der internationalen Politik stehen; sonst ist eine Katastrophe unentrinnbar. Denkweise und Methoden der Vergangenheit haben Weltkriege nicht zu verhindern vermocht. Die Denkweise der Zukunft *muß* sie verhindern.

Der moderne Krieg, die Bombe und andere Entdeckungen bedeuten für uns revolutionäre Entwicklungen. Bisher hat noch nie ein Land gegen ein anderes Krieg führen können, ohne Heere über die Grenzen zu schicken. Heute, im Zeitalter der Raketen und Atombomben, ist kein Bevölkerungszentrum der Erde vor der Zerstörung durch eine einzige Überraschungsattacke sicher.

Wissenschaftler kennen keinen Weg, der Hoffnung auf eine wirksame Verteidigung erwecken könnte. Die militärisch Denkenden verharren auf alten Methoden. Eine Abteilung der Armee hat sich mit der Möglichkeit einer Flucht in den „Untergrund" beschäftigt; im Falle eines Krieges sollen Fabriken in Höhlen wie dem Mammoth Cave untergebracht werden. Andere sprechen davon, unsere Bevölkerungszentren in „Streifenstädten" zu zerstreuen.

Vernünftige Menschen, die über die neuen Formen der Kriegführung nachdenken, schrecken vor der Idee einer „Kultur" zurück, die in „Streifen" oder in unterirdischen Gräbern fortleben würde. Auch ist Sicherheit nicht dadurch zu gewinnen, daß man hunderttausend Männer entlang der Küste in ständiger Alarmbereitschaft hält und den Himmel mit Hilfe von Radar ablichtet.

Unser Schutz liegt weder in Waffen noch in der Wissenschaft oder in einem Höhlendasein. Gesetz und Ordnung stellen unseren Schutz dar.

Darum muß die Außenpolitik aller Nationen immer von einer einzigen Überlegung geleitet sein – der Frage: bringt unsere Außenpolitik uns der Welt des Gesetzes und der Ordnung näher oder führt sie uns zur Anarchie und zum Untergang? Ich glaube nicht, daß wir gleichzeitig zum Krieg rüsten und für eine Weltgemeinschaft arbeiten können. Wenn die Menschheit eine Waffe besitzt, mit der sie Selbstmord begehen kann, erhöht jede weitere Ladung der Waffe die Möglichkeit der Katastrophe.

Unsere Hauptüberlegung muß der Frage gelten, wie wir diese Katastrophe vermeiden können. Frieden 393–395

Meine Überzeugung als Pazifist

Ich bin Pazifist – aber nicht Pazifist um jeden Preis. Meine Anschauungen decken sich nahezu mit denen Gandhis. Aber gegen einen Mordversuch an mir oder gegen den Versuch, mir oder meinem Volk die Existenzmittel zu entziehen, würde ich mich, allein oder mit anderen zusammen, mit Gewalt zur Wehr setzen.

Darum war ich überzeugt, daß der Kampf gegen Hitler berechtigt und notwendig war. Denn hier handelte es sich um einen beispiellosen Versuch der Ausrottung ganzer Völker.

Im übrigen bin ich der Meinung, daß die Verwirklichung des pazifistischen Ziels nur durch eine übernationale Organisation erfolgen kann. Daran bedingungslos festzuhalten, erscheint mir als das Kriterium des wahren Pazifismus. Frieden 561

Ich bin *entschiedener,* aber nicht *absoluter* Pazifist. Das heißt: ich bin in allen Fällen gegen Gewaltanwendung, außer in dem Falle, daß der Gegner Vernichtung des Lebens als *Selbstzweck* beabsichtigt. Den Gebrauch der Atombombe gegen Japan habe ich stets verurteilt, konnte aber gar nichts tun, um den verhängnisvollen Entschluß zu verhindern, ebensowenig wie *Sie* für die Taten der Japaner in Korea und China verantwortlich gemacht werden können.

Ich habe nicht behauptet, daß ich die Anwendung der Atombombe gegen die Deutschen gebilligt haben würde. Ich glaubte aber, daß man unbedingt vermeiden mußte, daß die Deutschen unter Hitler *allein* diese Waffe besitzen könnten. Dies war nämlich zu jener Zeit zu befürchten. Frieden 584

Wenn Menschen pazifistischer Gesinnung eine Versammlung halten, kommen sie gewöhnlich nur mit ihresgleichen zusammen. Sie gleichen einer Herde von Lämmern, auf die außen die Wölfe lauern. Das ist, wie ich glaube, das Dilemma pazifistischer Redner: sie erreichen gewöhnlich nur das Ohr jener, die bereits in ihrem Lager stehen und nicht mehr überzeugt zu werden brauchen. Die Stimme des Lammes reicht nicht über die eigene Hürde hinaus und ist darum unwirksam. Hierin liegt die wirkliche Schwäche der Friedensbewegung.

Wahre Pazifisten, Menschen, die nicht in den Wolken leben, sondern realistisch zu denken vermögen, müssen unerschrocken bemüht sein, so zu handeln, daß ihre Sache praktisch gefördert wird. Sie wissen, daß das bloße Bekenntnis zu ihren Idealen nicht genügt. Wir brauchen Taten, nicht Worte. Worte allein helfen dem Pazifismus nicht. Sie müssen zu Taten anfeuern, zur Verwirklichung dessen, was im Augenblick verwirklicht werden kann.

Was soll unser nächster Schritt sein? Wir müssen von der Erkenntnis ausgehen, daß unter dem gegenwärtigen Militärsystem jeder Mensch gezwungen werden kann, im Namen seines Landes Morde zu begehen. Darum muß es das Ziel aller Pazifisten sein, andere Menschen von der Immoralität des Krieges zu überzeugen und die Welt von der schändlichen Sklaverei des Militärdienstes zu befreien.

Frieden 133 f.

Natürlich bin ich kein Politiker im gewöhnlichen Sinne des Wortes; es wird wenig Leute geben, die das sind. Dennoch glaube ich, daß es eine politische Idee und eine politische Aufgabe gibt, der sich niemand entziehen darf, der den Anspruch darauf erhebt, Zeitgenosse zu sein. Ich meine damit die Aufgabe, die durch den Weltkrieg so grenzenlos zerstörte Einigkeit unter den Völkern wiederherzustellen und dafür zu sorgen, daß eine bessere und aufrichtigere Verständigung zwischen den Nationen eine Wiederholung des furchtbaren Unglücks, das wir durchlebt haben, unmöglich macht. Hierbei mitzuwirken, ist meiner Überzeugung nach eine Pflicht, der sich niemand, trotz noch so großer Leistung, auf welchem Gebiete auch immer, zu entziehen vermag. Frieden 105 f.

Wissenschaft und Pazifismus

Kriege sind die schwersten Hindernisse für die Entwicklung aller Bestrebungen, die wesentlich auf der Zusammenarbeit von Menschen aller Nationen beruhen, insbesondere aller kulturellen Bestrebungen. Der Krieg beraubt den geistig Arbeitenden der äußeren und inneren Bedingungen, an die sein Streben gebunden ist; ist er noch jung und stark genug, so macht der Krieg ihn zum Sklaven einer auf Vernichtung zielenden Organisation, sonst umgibt er ihn mit einer Atmosphäre der Aufregung und des Hasses. Außerdem schafft der Krieg drückende wirtschaftliche Abhängigkeit auf lange Jahre infolge der mit ihm verbundenen Verarmung. Deshalb muß ein Mensch, dem die geistigen Werte die höchsten sind, Pazifist sein. Dies beweist auch die Geschichte, wenn man die Männer der Vergangenheit nicht zählt, sondern wägt.

Wie steht es mit der Wirkung der Wissenschaft auf die Entwicklung des Pazifismus? Der Einfluß der Geisteswissenschaft in dieser Beziehung war offenbar ein sehr geringer. Es ist leicht zu beobachten, daß die Mehrzahl der Vertreter derjenigen Wissenschaft, die hier in erster Linie in Betracht kommt, nämlich der Geschichte, die Sache des Pazifismus keineswegs gefördert hat. Viele Vertreter dieser Wissenschaft, wenn auch nicht gerade die besten unter ihnen, haben sich merkwürdigerweise, besonders bei Gelegenheit des letzten großen Krieges, in der Öffentlichkeit durch besonders starke chauvinistische und militaristische Äußerungen hervorgetan.

Ganz anders steht es bei den Naturwissenschaften. Ihre Vertreter neigen infolge des universellen Charakters der von ihnen behandelten Gegenstände und infolge der Notwendigkeit international organisierter Zusammenarbeit zu internationaler Gesinnung und damit zur Begünstigung der pazifistischen Ziele. Ähnlich verhält es sich mit den Nationalökonomen, die den Krieg als eine durch Organisationsmangel bedingte Störung des wirtschaftlichen Prozesses auffassen müssen.

Die größte Wirkung der Naturwissenschaften auf den uns interessierenden historischen Prozeß ist aber nicht geistiger, sondern materieller Art. Die durch die Naturwissenschaften veranlaßten technischen Erfindungen haben den Wirtschaftsprozeß weitgehend international verkettet und dadurch, sowie durch die Technik auf dem militärischen Gebiete, bewirkt, daß jeder Krieg zu einer Angelegenheit von internationaler Bedeutung werden muß. Wenn diese Sachlage durch genügend viel schwere Erfahrungen ins Bewußtsein der Menschen getreten sein wird, werden sie auch die Energie und den guten Willen aufbringen für die Schaffung von Organisationen, welche Kriege zu verhindern imstande sind. Frieden 74f.

Die Notwendigkeit einer Weltregierung

Die Entwicklung der Technik und die der Kriegsmittel hat so etwas wie eine Schrumpfung unseres Planeten mit sich gebracht. Wirtschaftliche Verflechtung macht die Schicksale der Völker in viel höherem Grade voneinander abhängig, als dies in früheren Zeiten der Fall war. Die verfügbaren Angriffswaffen sind von solcher Art, daß kein Ort auf der Erde gegen plötzliche totale Vernichtung gesichert ist.

Die einzige Hoffnung für Schutz liegt in der Sicherung des Friedens auf übernationalem Wege. Es muß eine Weltregierung geschaffen werden, welche Konflikte zwischen Nationen durch richterliche Entscheidungen zu lösen imstande ist. Diese Entscheidungen müssen auf eine klare Verfassung gegründet werden, welche von den Regierungen und Völkern gebilligt ist, und welche allein über die Angriffswaffen zu verfügen hat. Nur dann kann eine Person oder eine Nation als pazifistisch angesehen werden, wenn sie bereit ist, ihre militärische Macht an die übernationale Behörde abzutreten und auf jeden Versuch, ja auf die Mittel zu verzichten, ihre Interessen gegenüber dem Ausland durch Anwendung von Gewalt durchzusetzen. Frieden 389

Alle, die für den Frieden und den Triumph von Recht und Vernunft arbeiten, müssen zu ihrem Schmerz erkennen, wie schwach die Logik und der gute Wille in der politischen Welt von heute sind. Aber wie dem auch sei, und was das Schicksal uns auch bringen möge: Ohne den unermüdlichen Kampf jener, die die Wohlfahrt der gesamten Menschheit im Augen haben, wäre das Los der Welt noch schlimmer, als es heute ist.

In dieser Zeit schicksalsschwerer Entscheidungen müssen wir unseren Mitbürgern vor allem eine Tatsache einprägen: Sobald der Glaube an die Allmacht physischer Gewalt das Leben einer Nation beherrscht, emanzipiert sich diese Kraft, wird zum Selbstzweck und wird mächtiger als jene Männer, die sie als Werkzeug benützen wollen. Militarisierung bedeutet nicht nur unmittelbare Kriegsdrohung, sondern auch langsame, stetige Unterhöhlung des demokratischen Geistes und der Menschenwürde in unserem Lande. Es stimmt nicht, wenn gesagt wird, auswärtige Ereignisse zwängen uns zur Rüstung; diese Unwahrheit müssen wir mit aller Kraft bekämpfen. In Wirklichkeit ruft unsere eigene Aufrüstung in anderen Ländern jene Situation hervor, mit der die Anhänger unserer Rüstung ihr Programm zu begründen suchen.

Es gibt nur einen Weg zum Frieden und zur Sicherheit: die übernationale Organisation. Rüstung einzelner Nationen kann nur die allgemeine Unsicherheit und Verwirrung steigern, ohne wirksamen Schutz zu bieten.

SJ 164 f.

Über Erziehung und ihre Ziele

Erziehung zur Erkenntnis und künstlerischer Gestaltung

Am schlimmsten scheint es mir zu sein, wenn eine Schule hauptsächlich mit den Mitteln von Furcht, Zwang und künstlicher Autorität arbeitet. Solche Behandlung vernichtet das gesunde Lebensgefühl, die Aufrichtigkeit und das Selbstvertrauen des Schülers. Sie erzeugt den unterwürfigen Untertanen. Es ist verhältnismäßig einfach, die Schule von diesem schlimmsten aller Übel frei zu halten: Man gibt dem Lehrer möglichst wenig Zwangsmittel in die Hand, so daß die einzige Quelle des Respektes der Schüler gegenüber dem Lehrer dessen menschliche und intellektuelle Qualitäten sind.

Das zweite genannte Motiv, der Ehrgeiz oder in gelinderer Ausprägung das Streben nach Anerkennung und Ansehen, liegt fest verankert in der menschlichen Natur. Bei Abwesenheit von Gefühlsmotiven dieser Art wäre menschliches Zusammenwirken völlig unmöglich; das Streben nach Zustimmung des Nebenmenschen ist gewiß eine der wichtigsten bindenden Kräfte der Gesellschaft. In diesem Gefühlskomplex liegen aufbauende und zerstörende Kräfte eng beisammen. Streben nach Zustimmung und Anerkennung ist ein gesundes Motiv. Das Streben aber, als besser, stärker oder klüger anerkannt zu werden als der Mitmensch oder Mitschüler, führt leicht zu einer übertrieben egoistischen seelischen Einstellung, die für das Individuum und für die Gemeinschaft verderblich werden kann. Deshalb müssen sich die Schule und der Lehrer davor hüten, das bequeme Mittel der Erregung des individuellen Ehrgeizes anzuwenden, um die Schüler zu emsigem Streben anzuregen.

Manche haben Darwins Theorie des Daseinskampfes

und der mit ihm verbundenen Selektion für die Berechtigung der Erweckung des Konkurrenzgeistes angeführt. Man hat wohl auch das anarchische System der Konkurrenz in der Wirtschaft in solcher Art pseudowissenschaftlich zu begründen versucht. Dies ist aber abwegig, weil der Mensch seine Stärke im Daseinskampf dem Umstand verdankt, daß er ein gesellig lebendes Tier ist. So wenig als ein Kampf zwischen den einzelnen Ameisen eines Ameisenhaufens stattfindet oder für die Selektion wesentlich ist, so wenig ist dies bei den einzelnen Mitgliedern einer menschlichen Gesellschaft der Fall.

Deshalb solle man sich auch wohl hüten, den Erfolg im landläufigen Sinne dem jungen Menschen als Lebensziel zu predigen. Denn ein erfolgreicher Mensch ist in den meisten Fällen ein solcher, der von den Nebenmenschen viel empfängt, meist unvergleichlich mehr als seiner Leistung für die Nebenmenschen entspricht. Der Wert eines Menschen soll aber in dem gesehen werden, was er gibt, und nicht in dem, was er zu nehmen imstande war oder ist.

Das wichtigste Motiv zur Leistung in der Schule und im Leben ist die Freude an der Arbeit, die Freude an ihrem Ergebnis und das Bewußtsein vom Werte des Arbeitsergebnisses für die Gemeinschaft. In der Erweckung und Stärkung dieser psychischen Kräfte im jungen Menschen sehe ich die wichtigste Aufgabe der Schulerziehung. Eine solche psychische Grundlage allein führt zum freudigen Streben nach den höchsten Gütern des Menschen: Erkenntnis und künstlerische Gestaltung.

Die Erweckung dieser produktiven psychischen Kräfte ist gewiß weniger leicht als die Ausübung von Zwang oder die Erweckung von individuellem Ehrgeiz, aber sie ist dafür um so wertvoller. Es gilt, den kindlichen Spieltrieb und den kindlichen Erkenntnistrieb zu entwickeln und auf für die Gesellschaft wichtige Gebiete hinüberzuleiten – es ist jene Erziehung, die sich in der Hauptsache auf den Trieb nach erfolgreicher Tätigkeit und nach Erkenntnis gründet. Gelingt es der Schule, nach solchen Gesichtspunkten erfolgreich zu arbeiten, so wird sie von der heranwachsenden Generation hochgeschätzt und die ihr von der Schule gestellten Aufgaben als eine Art Geschenk hingenommen. Ich habe Kinder kennengelernt, welche die Schulzeit den Ferien vorgezogen haben.

SJ 23–26

Motivation als Erziehungsmittel

Man hat manchmal in der Schule einfach das Instrument gesehen, um ein gewisses, möglichst großes Quantum von Wissen auf die heranwachsende Generation zu übertragen. So ist es aber nicht. Wissen ist tot; die Schule aber ist Dienerin des Lebens. Sie soll in den jungen Individuen jene Qualitäten und Fähigkeiten zur Entwicklung bringen, welche für das Gedeihen der Gemeinschaft von Wert sind. Damit ist aber nicht gesagt, daß dem Individuum seine Besonderheit genommen werden soll, um es zu einem willenlosen Werkzeug der Gemeinschaft zu machen, gleich einer Biene oder Ameise. Denn eine Gemeinschaft von standardisierten Individuen ohne persönliche Eigenart und persönliche Ziele wäre eine armselige Gemeinschaft ohne Entwicklungsmöglichkeiten. Das Ziel muß vielmehr die Heranbildung selbständig handelnder und denkender Individuen sein, die aber im Dienste an der Gemeinschaft ihre höchste Lebensaufgabe sehen. Soweit ich es beurteilen kann, kommt die englische Schule der Realisierung dieses Ideals am nächsten.

Wie soll man aber diesem Ideal näherzukommen suchen? Soll man vielleicht dieses Ziel durch Moralpredigen zu realisieren suchen? Keineswegs! Worte sind und bleiben leerer Schall und der Weg zur Hölle ist stets vom Lippendienste am Ideal begleitet gewesen. Persönlichkeiten aber formen sich nicht durch das, was sie hören und sagen, sondern durch Arbeit und Handeln.

Das wichtigste Erziehungsmittel bestand dementsprechend stets darin, daß der Schüler zu Leistungen angeregt wurde. Dies gilt von den ersten Schreibversuchen des ABC-Schützen an, wie von der Doktorarbeit eines Absolventen der Universität, vom bloßen Auswendiglernen eines Gedichts, vom Schreiben eines Aufsatzes, vom Interpretieren oder Übersetzen eines Textes, von der Lösung einer mathematischen Aufgabe oder vom Üben eines körperlichen Sportes.

Hinter jeder Leistung aber steht das Gefühlsmotiv, welches jener Leistung zugrunde liegt und welches umgekehrt durch das Vollbringen der Leistung gestärkt und genährt wird. Hier gibt es die größten Unterschiede, und sie sind für den erzieherischen Wert der Schulung von höchster Bedeutung. Dieselbe Leistung kann ihre Entstehung Furcht und Zwang, ehrgeizigem Bedürfnis nach Geltung und Auszeichnung, liebevollem Interesse am Gegenstande oder einem Bedürfnis nach Wahrheit und Verstehen, also jener göttlichen Neugier verdanken, welche jedes gesunde Kind mitbringt, die aber so oft frühzeitig verkümmert. Der erzieherische Einfluß, der auf den Schüler beim Vollbringen einer und derselben Leistung ausgeübt wird, kann ganz verschieden sein, je nachdem, ob der Leistung die Angst vor Schmerz, egozentrische Leidenschaft oder Streben nach Freude und Befriedigung zugrunde liegt. Und niemand wird behaupten, daß das System der Schule und das Verhalten der Lehrer im einzelnen keinen Einfluß hätten auf die Gestaltung der psychischen Entwicklung der Schüler. SJ 22 f.

Erziehung zu selbständigem Denken

Es ist nicht genug, den Menschen ein Spezialfach zu lehren. Dadurch wird er zwar zu einer Art benutzbarer Maschine, aber nicht zu einer vollwertigen Persönlichkeit. Es kommt darauf an, daß er ein lebendiges Gefühl dafür bekommt, was zu erstreben wert ist. Er muß einen lebendigen Sinn dafür bekommen, was schön und was moralisch gut ist. Sonst gleicht er mit seiner spezialisierten Fachkenntnis mehr einem wohlabgerichteten Hund als einem harmonisch entwickelten Geschöpf. Er muß die Motive der Menschen, deren Illusionen, deren Leiden verstehen lernen, um eine richtige Einstellung zu den einzelnen Mitmenschen und zur Gemeinschaft zu erwerben.

Diese wertvollen Dinge werden der jungen Generation durch den persönlichen Kontakt mit den Lehrenden, nicht – oder wenigstens nicht in der Hauptsache – durch Textbücher vermittelt. Dies ist es, was Kultur in erster Linie ausmacht und erhält. Diese habe ich im Auge, wenn ich die „humanities" als wichtig empfehle, nicht einfach trockenes Fachwissen auf geschichtlichem und philosophischem Gebiet.

Überbetonung des kompetitiven Systems und frühzeitiges Spezialisieren unter dem Gesichtspunkt der unmittelbaren Nützlichkeit töten den Geist, von dem alles kulturelle Leben und damit schließlich auch die Blüte der Spezialwissenschaften abhängig ist.

Zum Wesen einer wertvollen Erziehung gehört es ferner, daß das selbständige kritische Denken im jungen Menschen entwickelt wird, eine Entwicklung, die weitgehend durch Überbürdung mit Stoff gefährdet wird (Punktsystem). Überbürdung führt notwendig zu Oberflächlichkeit und Kulturlosigkeit. Das Lehren soll so sein, daß das Dargebotene als wertvolles Geschenk und nicht als saure Pflicht empfunden wird. WB 23f.

Charakterbildung wird nicht einfach dadurch erreicht, daß man den Schülern frömmelnde Formeln beibringt wie etwa „Liebe deinen Nächsten wie dich selbst". Auch Erzählungen über sogenannte „Musterpersönlichkeiten" sind von geringem Wert.

Im allgemeinen wird eine gesunde soziale Einstellung nicht durch die Lehre, sondern durch die Erfahrung erzeugt. Nur durch die Praxis kann das Gemeinschaftsgefühl erwachsen. Das Interesse des Schülers sollte nicht durch Wettbewerb stimuliert werden (der nur den Kult des Ichs fördert), sondern durch die Erweckung des Vergnügens an schöpferischem Werk. Nur so werden die Klassenkameraden ein freundliches und positives Interesse aneinander nehmen. Frieden 323

In grundsätzlichen Fragen der Moral hilft Schulbildung nicht viel. Es gibt keine Möglichkeit, auf diesem Gebiete grundsätzliche Entscheidungen zu treffen, die jeder anerkennen muß.

Ich selber entscheide als Individuum. Ich denke, dieses soll seinem Gewissen gemäß handeln, auch wenn das zu einem Konflikt mit den Staatsgesetzen führt. Dies soll er nach meiner Ansicht tun, auch wenn er vom Staate dafür legaler Weise eine Bestrafung zu erwarten hat.

Diese Auffassung entspricht meinem moralischen Gefühl. Man kann sie aber auch bis zu einem gewissen Grade objektiv rechtfertigen: Blinder Gehorsam gegenüber als unmenschlich empfundenen Staatsgesetzen ist der moralischen Verbesserung dieser Gesetze nicht förderlich. Frieden 611 f.

Erziehungsziele

Wenn ein junger Mensch durch Turnen und Fußwanderungen seine Muskeln und seine körperliche Ausdauer geübt hat, wird er zu jeder körperlichen Arbeit späterhin befähigt sein. Analog ist es auch mit der Trainierung des Geistes und mit der Übung der Geschicklichkeit der Sinne und Hände. Insofern hat der Witzbold nicht unrecht gehabt, der die Bildung so definiert hat: Bildung ist das, was übrigbleibt, wenn man alles vergessen hat, was man in der Schule gelernt hat. Deshalb drängt es mich auch gar nicht dazu, in dem Streite zwischen den Anhängern der klassischen philologisch-historischen und der mehr naturwissenschaftlich orientierten Ausbildung Stellung zu nehmen.

Dagegen möchte ich der Auffassung entgegentreten, daß die Schule unmittelbar jene speziellen Kenntnisse und Fertigkeiten zu lehren habe, die man später im Leben unmittelbar anzuwenden hat. Die Erfordernisse des Lebens sind viel zu mannigfaltig, eine derart spezialisierte Ausbildung in der Schule als möglich erscheinen zu lassen.. Abgesehen davon erscheint es mir überhaupt verwerflich, das Individuum zu behandeln wie ein totes Werkzeug. Die Schule soll stets danach trachten, daß der junge Mensch sie als harmonische Persönlichkeit verlasse, nicht als Spezialist. Dies gilt nach meiner Meinung in gewissem Sinne sogar für Fachschulen, deren Absolventen sich ganz bestimmten Berufen zuwenden sollen. Stets soll die Entwicklung der allgemeinen Fähigkeiten selbständigen Denkens, Urteilens und Arbeitens im Vordergrund stehen, nicht die Erwerbung von Spezialkenntnissen. Wenn jemand die grundlegenden Methoden seines Faches beherrscht und selbständig zu denken und zu arbeiten gelernt hat, so wird er sich schon zurechtfinden und obendrein besser imstande sein, sich Fortschritten und Umwälzungen anzupassen als derjenige, dessen Ausbildung hauptsächlich in der Erwerbung von Detailkenntnissen besteht. SJ 26f.

Das Streben nach moralischem Handeln ist das wichtigste Streben der Menschen. Sein inneres Gleichgewicht, ja, seine Existenz hängen davon ab. Moralisches Handeln allein kann dem Leben Schönheit und Würde verleihen.

Dies den Jungen lebendig zu machen und zu voller Klarheit zu bringen ist wohl die Hauptaufgabe der Erziehung. Die Gestaltung des moralischen Ideals sollte nicht an einen Mythos gebunden und mit einer Autorität verknüpft werden, daß nicht durch Zweifel an dem Mythos oder der Berechtigung der Autorität das Fundament des richtigen Urteilens und Handelns gefährdet werde.

Briefe 91

Die akademische Jugend

Zahlreich sind die Lehrkanzeln, aber selten die weisen und edlen Lehrer. Zahlreich und groß sind die Hörsäle, doch wenig zahlreich die jungen Menschen, die ehrlich nach Wahrheit und Gerechtigkeit dürsten. Zahlreich spendet die Natur ihre Dutzendware, aber das Feinere erzeugt sie selten.

Das wissen wir alle, warum also klagen? War es nicht immer so und wird es nicht immer so bleiben? Gewiß ist es so, und man muß das von Natur Gegebene hinnehmen, wie es eben ist. Aber es gibt daneben auch einen Zeitgeist, eine der Generation eigentümliche Gesinnung, die sich von Mensch zu Mensch überträgt, und die einer Gemeinschaft ihr charakteristisches Gepräge gibt. An der Wandlung dieses Zeitgeistes muß jeder sein kleines Teil arbeiten.

Vergleichen Sie den Geist, der in der hiesigen akademischen Jugend vor einem Jahrhundert lebendig war, mit dem heute lebendigen! Es gab einen Glauben an eine Besserung der menschlichen Gesellschaft, Hochachtung vor jeder ehrlichen Meinung, jene Toleranz, für die unsere Klassiker gelebt und gekämpft haben. Es gab damals ein Streben nach einer größeren politischen Einheit, welche Deutschland hieß. Damals war es die akademische Jugend, und waren es die akademischen Lehrer, in denen diese Ideale lebten.

Auch heute gibt es ein Streben nach sozialem Fortschritt, nach Toleranz und Freiheit des Gedankens, nach einer größeren politischen Einheit, die bei uns heute Europa heißt. Heute aber ist die akademische Jugend nicht mehr die Trägerin der Hoffnungen und Ideale des Volkes, so wenig wie die akademische Lehrerschaft. Dies muß jeder zugeben, der ohne Leidenschaft, mit nüchternem Blicke unsere Zeit betrachtet. Frieden 150

Warum gute Bücher lesen?

Einer, der nur Zeitungen liest und, wenn's hochkommt, Bücher zeitgenössischer Autoren, kommt mir vor wie ein hochgradig Kurzsichtiger, der es verschmäht, Augengläser zu tragen. Er ist völlig abhängig von den Vorurteilen und Moden seiner Zeit, denn er bekommt nichts anderes zu sehen und zu hören. Und was einer selbständig denkt ohne Anlehnung an das Denken und Erleben anderer, ist auch im besten Falle ziemlich ärmlich und monoton.

Der klugen Menschen mit klarem Geist und Stil und mit gutem Geschmack sind gar wenige in einem Jahrhundert. Was von ihnen bewahrt worden ist, gehört zum wertvollsten Gut der Menschheit. Einigen Schriftstellern des Altertums ist es zu verdanken, daß die Menschen im Mittelalter sich langsam aus dem Aberglauben und der Unwissenheit herausarbeiten konnten, die mehr als ein halbes Jahrtausend lang das Dasein verdunkelte.

Mehr braucht man nicht, um den Gegenwarts-Hochmut zu überwinden. in: Der Jungkaufmann 27, 1952, 73

Die Zukunft der Menschheit

Die gegenwärtige Krise der Menschheit

Die Basis der europäisch-amerikanischen Zivilisation zittert bedenklich, und ein Gefühl der Ratlosigkeit und Furcht hat sich aller bemächtigt angesichts der unheimlichen, ungreifbaren Macht, die uns in unserer Existenz bedroht. Während wir an Verbrauchsgütern und Produktionsmitteln reich sind wie keine Generation vor uns, leidet ein großer Teil der Menschen schwere Not! Erzeugung und Verbrauch stocken in steigendem Maße, und das Vertrauen in die öffentlichen Institutionen ist gesunken wie nie zuvor. Es ist, wie wenn das System des Blutkreislaufes des gesamten wirtschaftlichen Organismus unheilbar erkrankt wäre.

Gar viel wird philosophiert über die Ursachen der Krankheit, und es sieht so aus, wie wenn rein technische Hilfsmittel die Gesundung herbeiführen könnten. Warum sollte sich das Gleichgewicht zwischen Produktion und Konsum nicht durch geeignete Maßnahmen herstellen lassen? – so fragt der Optimist. Der Pessimist aber frägt: Warum sollte unsere Zivilisation nicht in ähnlicher Weise durch inneren Zerfall zugrunde gehen wie die des römischen Weltreiches? Wer hat Recht? Wo stehen wir?

Ich will gleichsam mit einem Blick aus der Ferne zu antworten versuchen. Unsere Zivilisation hat die Erhaltung und Entwicklung unserer inneren Kultur zur notwendigen Voraussetzung. Diese aber empfängt ihre Nahrung aus zwei Quellen.

Die erste kommt vom hellenischen Geiste her und empfing ihre Erneuerung und Ergänzung in der italienischen Renaissance. Sie tritt an das Individuum mit der Forderung heran: Denke, beobachte und gestalte!

Die zweite kommt aus dem Judentum und dem Urchristentum. Sie ist gekennzeichnet durch die Maxime: Rette deine Seele durch selbstlosen Dienst an der menschlichen Gesellschaft. Wir können in diesem Sinne von einer gestaltenden und einer sittlichen Lebensquelle unserer Kultur reden.

Bis zur Neige des Mittelalters war das Leben der Kultur nur durch die zweite Quelle gespeist; diese Kultur war kümmerlich, aber stabil. Als dann zur Zeit der Renaissance die Quelle der Gestaltung üppiger zu fließen begann, da begann eine sich stets steigernde Blüte der Kultur bis in unsere Tage, an der sich die Generationen berauschten. Eine gewaltige Zivilisation und Technik in Verbindung mit einer ungeahnten Vermehrung der Bevölkerung und einer Erhöhung des physischen und geistigen Lebensstandards war die Folge dieser fieberhaften Entwicklung.

Wir hatten sozusagen vergessen, daß auch die Lebensquelle des Sittlichen eine Existenzbedingung unseres Seins ist. Jetzt aber, im Zustande der Krankheit, müssen wir mit Schrecken sehen, daß diese Quelle bedenklich zurückgegangen ist; und ohne sie sind wir rettungslos dem Verfall ausgeliefert. Je mächtigter die Werkzeuge sind, welche die Gestaltungskraft der Generationen in unsere Hand gegeben hat, desto größere und reinere sittliche Kräfte sind nötig, um von diesen einen heilsamen Gebrauch zu machen. Nicht an Intelligenz fehlt es für die Überwindung des Übels, sondern es fehlt an der selbstlosen, verantwortungsvollen Hingabe der Menschen im Dienste der Gemeinschaft. Frieden 176–178

Unzählige Zungen verkünden seit geraumer Zeit, daß sich die Gesellschaft im Zustande einer Krise befinde und daß ihre Stabilität ernstlich erschüttert sei. Merkmal eines solchen Zustandes ist es, daß die einzelnen Individuen der engeren und weiteren Gemeinschaft, welcher sie angehören, gleichgültig oder gar feindlich gegenüberstehen. Um kurz zu illustrieren, wie ich dies meine, erzähle ich folgendes Erlebenis: Ich sprach mit einem intelligenten und gut gearteten Menschen über die Gefahr eines den Fortbestand der Menschheit ernstlich bedrohenden Vernichtungskrieges und darüber, daß nur eine übernationale Organisation einen wirklichen Ausweg biete. Da sagte der Mann in großer Ruhe zu mir: „Warum sind Sie denn so sehr dagegen, daß die Menschen von der Erde verschwinden?"

Noch vor hundert Jahren hätte nicht so leicht jemand eine solche Äußerung getan. Es ist die Äußerung eines Menschen, der vergeblich nach einem inneren Gleichgewicht gestrebt und der mehr oder weniger die Hoffnung verloren hat, ein solches Gleichgewicht zu erlangen. Es ist der Ausdruck einer schmerzhaft empfundenen seelischen Vereinsamung, der in unserer Zeit so viele zum Opfer fallen. SJ 188 f.

Ich denke, daß die Menschen schon, oder wenigstens bald, die Macht haben werden, die Atmosphäre so gründlich radioaktiv zu verseuchen, daß die Pflanzen und Tiere auf dem festen Lande zugrundegehen. Ich bin aber immer noch optimistisch genug, es für wahrscheinlich zu halten, daß die Menschen es fertigbringen werden, durch zeitige Errichtung einer Weltregierung solchem Zerstörungswerk vorzubeugen.

Es ist charakteristisch für unsere Zeit, daß Sie und ich und viele andere eine solche Katastrophe hauptsächlich nur deshalb als unerträglich empfinden, weil dies auch das Verstummen der reinsten Künstlerstimmen bedeuten würde. Der vor fünfzig Jahren noch so allgemein lebendige Glaube an einen endlosen Fortschritt der Menschheit ist, wie es scheint, völlig verloren gegangen. Ich bin aber doch geneigt, darauf zu vertrauen, daß dieser Glaube wieder auferstehen wird. Frieden 588

Jeder von uns lebt heute in äußerster Lebensgefahr. Nicht nur ist sein eigenes Leben und das Leben seiner Angehörigen bedroht; wir erleben es, wie sich die Schatten der Nacht immer tiefer auf unsere ganze Zivilisation senken. Es ist das Schicksal dieser Zivilisation – des Baus, zu dem zahllose Generationen der Menschheit schöpferische Ideen und heroische Arbeit beigetragen haben –, das uns so tief beunruhigt. Frieden 505

Die Tragik des modernen Menschen liegt – allgemein gesehen – darin: er hat für sich selber Daseinsbedingungen geschaffen, denen er auf Grund seiner phylogenetischen Entwicklung nicht gewachsen ist. Furcht, Haß, Streitsucht und Habgier, die auf den primitiven Lebensstufen seiner Selbstbehauptung dienten, bedrohen seine Existenz unter den Bedingungen des Daseins, die er in den letzten paar Jahrtausenden mit stetig und rapid steigender Schnelligkeit selber herbeigeführt hat. Unter diesen veränderten Existenzbedingungen bedroht seine psychische Erbmasse ihn mit rascher Vernichtung.

Wenn man in den Zeitungen die Geschehnisse in der internationalen Politik verfolgt, so scheint es keine Rettung zu geben; der lebensfeindliche Teil der psychischen Erbmasse des Menschen erscheint dann übermächtig und unüberwindlich, das Verderben unter den heutigen technischen Bedingungen unaufhaltsam. Frieden 494

Leidenschaftlicher Wille zum Recht und zur Wahrheit

Alle Religionen, Künste und Wissenschaften sind Äste des gleichen Baumes. Alle diese Bestrebungen sind darauf gerichtet, das menschliche Leben zu veredeln, es aus der Sphäre eines bloß vitalen Daseins herauszuheben und das Individuum zur inneren Befreiung zu führen. Es ist kein leerer Zufall, daß unsere älteren Universitäten aus geistlichen Schulen sich entwickelt haben. Kirchen und Universitäten dienen – soweit sie ihrer wahren Aufgabe wirklich gerecht werden – der Veredelung der Individuen; sie suchen die hohe Aufgabe durch Verbreitung sittlichen und kulturellen Verstehens zu lösen unter Verzicht auf brutale Machtmittel.

Im 19. Jahrhundert ist das Gefühl der Einheit der kirchlichen und weltlichen kulturellen Institutionen bis zu verständnisloser Kampfeinstellung verlorengegangen; aber es gab keinen Zweifel am Kulturwillen überhaupt. An der Heiligkeit des Zieles zweifelte niemand, nur der Weg war umstritten.

Die politischen und ökonomischen Kämpfe und Verwicklungen der letzten Jahrzehnte aber haben uns Gefahren vor Augen geführt, von denen die schwärzesten Pessimisten des vergangenen Jahrhunderts nichts geahnt haben. Die Leitsätze der Bibel über die menschlichen Beziehungen galten damals Gläubigen und Ungläubigen als selbstverständliche Forderungen für Individuen und Gemeinschaften; niemand wäre ernstgenommen worden, der das Streben nach objektiver Wahrheit und Erkenntnis nicht als hohes und ewiges Ziel der Menschen anerkannt hätte.

Heute aber müssen wir mit Schrecken erkennen, daß diese Grundpfeiler gesitteter menschlicher Existenz ihre Festigkeit eingebüßt haben. Ehemals hochstehende Nationen beugen sich vor Gewalthabern, die offen auszusprechen wagen: Recht ist, was uns nützt! Streben nach Wahrheit um ihrer selbst willen ist unberechtigt und wird nicht geduldet.

Willkür, Unterdrückung, Verfolgung von Individuen, von Überzeugungen und Gemeinschaften werden in jenen Ländern unverhüllt geübt und als berechtigt oder als unvermeidlich hingenommen.

Der Rest der Menschheit aber hat sich langsam an diese Erscheinungen des moralischen Verfalls gewöhnt. Man vermißt die elementare Reaktion gegen das Unrecht und für das Recht, die auf die Dauer den einzigen Schutz der Menschheit gegen den Rückfall in die Barbarei bildet. Ich bin fest davon überzeugt, daß leidenschaftlicher Wille zum Rechte und zur Wahrheit für die Verbesserung der menschlichen Verhältnisse weit mehr geleistet hat als berechnende politische Klugheit, die auf die Dauer doch nichts anderes erzeugt als Mißtrauen aller gegen alle. Kann man daran zweifeln, daß Moses ein besserer Führer der Menschheit gewesen ist als Machiavelli?

Als man während des Krieges einen großen holländischen Gelehrten davon zu überzeugen versuchte, daß in der Geschichte der Menschheit Gewalt vor Recht gehe, sagte er: „Ich kann nicht beweisen, daß Ihre Behauptung über die Menschenwelt unrichtig ist, aber *eines* weiß ich sicher, nämlich, daß ich in einer solchen Welt nicht leben möchte.“ SJ 28–30

Der Kampf der Sehenden und Freien

In meinen jungen Jahren glaubten wir Intellektuelle alle, daß ein glücklicheres Zeitalter für die Menschen herbeigeführt werden könnte, wenn die Könige und Kaiser von Gottes Gnaden abgeschafft würden. Daß sie ein großes Übel waren, ist nicht zu bezweifeln. Nun, sie *wurden* ziemlich vollständig abgeschafft. Aber den Menschen geht es kaum besser. Es fand sich bald wirksamer Ersatz in den Demagogen und politischen Advokaten.

Aberglaube und Priesterherrschaft sind schwere Übel.

Aber wenn der Sieg da ist – und er ist auf die Dauer gesichert –, dann wird es sich immer wieder zeigen, daß die Plage des Menschen aus dem dem Menschen angeborenen Erbteil entspringt.

Nun, man muß kämpfen und erziehen, selbst wenn das Ziel als unerreichbar erkannt ist. Denn ohne den Kampf der Sehenden und relativ Freien wäre es noch weit schlimmer. Frieden 606

Die Verbesserung der Lebensbedingungen in allen Teilen der Welt hängt im wesentlichen nicht von dem Stande der Wissenschaft, sondern von der Erfüllung der menschlichen Traditionen und Ideale ab.

Darum glaube ich, daß Männer wie Konfuzius, Buddha, Jesus und Gandhi mehr zur Schärfung des ethischen Sinnes des Menschen getan haben, als die Wissenschaft es je vermöchte. Sie mögen das Gesundheitsschädliche des Rauchens einsehen und trotzdem ein Kettenraucher sein. Und dasselbe gilt für alle das Leben vergiftenden üblen Impulse.

Ich brauche nicht zu betonen, wie sehr ich alles Streben nach Wahrheit und Wissen achte und schätze. Aber ich glaube nicht, daß der Mangel an moralischen und ethischen Werten durch rein intellektuelle Bemühungen aufgewogen werden kann. Frieden 553

Die Institutionen der Allgemeinheit repräsentieren notwendigerweise ein ziemlich tiefes moralisches Niveau, wie die Menschen, welche hinter diesen Institutionen stehen. Der Einzelne ist diesen Institutionen ausgeliefert, von deren relativen Minderwertigkeit er, wenn er gewissenhaft und nicht ganz gedankenlos ist, überzeugt sein muß. Er ist also zu irgendeinem Kompromiß gezwungen, zumal er einsieht, daß jene notwendigerweise weitgehend unvollkommenen Institutionen nicht entbehrt werden können.

Wenn die Sehenden nicht ehrlich und mutig für das Bessere einstehen, sinkt der Karren immer tiefer in den Dreck ... Frieden 514

Zur Sicherung des Menschengeschlechtes

Die Entdeckung der atomistischen Kettenreaktionen braucht den Menschen so wenig Vernichtung zu bringen wie die Erfindung der Zündhölzer. Wir müssen nur all das tun, was den Mißbrauch der Mittel beseitigt. Beim heutigen Stand der technischen Mittel kann uns nur eine übernationale Organisation schützen, verbunden mit einer hinreichend starken Exekutivgewalt. Wenn wir dies eingesehen haben, werden wir auch die Kraft finden, die für die Sicherung des Menschengeschlechtes nötigen Opfer zu bringen. Jeder einzelne von uns wäre schuld daran, wenn das Ziel nicht rechtzeitig erreicht würde. Die Gefahr ist, daß jeder untätig darauf wartet, daß andere für ihn handeln.

Den in unserem Jahrhundert erzielten Fortschritten der Wissenschaft wird jeder Mensch Respekt zollen, der einigen Einblick hat, ja selbst der oberflächliche Beobachter, der nur technische Anwendungen zu sehen bekommt. Man wird aber die Leistungen der letzten Zeit nicht überschätzen, wenn man die Probleme der Wissenschaft im großen nicht aus dem Auge verliert. Es ist wie beim Eisenbahnfahren: achtet man nur auf die nächste Umgebung, so scheint man im Flug fortzukommen. Achtet man aber auf große Formen wie auf hohe Gebirge, so ändert sich die Situation nur ganz langsam. Ähnlich ist es, wenn man die großen Probleme der Wissenschaft im Auge hat.

Es ist meiner Meinung nach nicht vernünftig, von „our way of life" oder dem der Russen überhaupt zu sprechen. In beiden Fällen handelt es sich um eine Sammlung von Traditionen und Gewohnheiten, die kein organisches Ganzes bilden. Es ist gewiß besser, sich zu fragen, was für Einrichtungen und Traditionen für die Menschen schädlich und welche nützlich sind, welche das Leben glücklicher, welche es schmerzlicher machen. Man muß dann das als besser Erkannte einzuführen versuchen, unabhängig davon, ob es gegenwärtig bei uns oder sonstwo realisiert ist. WB 78f.

Der Tanz um das goldene Kalb ist nicht nur eine legendäre Episode in der Geschichte unserer Vorväter gewesen – eine Episode, die mir in ihrer Einfalt unschuldiger erscheint als jene totale Zuwendung zu materiellen und egoistischen Zielen, welche in unseren Tagen die Judenheit bedroht. In dieser Zeit ist eine Vereinigung derer, die sich um das geistige Erbe unseres Volkes scharen, von hoher Berechtigung. Dies gilt um so mehr für eine Gemeinschaft, welche von jeder historischen und nationalen Verengung ihres Standpunktes frei ist. Wir Juden sollen Träger und Förderer geistiger Werte sein und bleiben. Wir sollen aber auch stets uns der Tatsache bewußt sein, daß dies Geistige gemeinsamer Besitz und gemeinsames Ziel der ganzen Menschheit ist und stets gewesen ist.

SJ 239

Persönlichkeiten

Alfred Nobel

Man hat der Welt Freiheit von Angst versprochen. Aber die Angst unter den Nationen der Welt ist seit Kriegsende außerordentlich gestiegen.

Man hat der Welt Freiheit von Entbehrung versprochen. Aber in großen Teilen der Welt hungern Menschen, während anderswo Völker im Überfluß leben.

Man hat den Nationen der Welt Freiheit und Gerechtigkeit verbürgt. Aber gerade in diesen Tagen erleben wir das traurige Schauspiel, wie „Befreiungsheere" auf Menschen schießen, die politische Unabhängigkeit und soziale Gleichheit verlangen, und wie sie auf der anderen Seite jene Individuen und politischen Parteien stützen, die ihnen für die Verteidigung ihrer eigenen engen Sonderinteressen am geeignetsten erscheinen. Gebietsstreitigkeiten und Machtpolitik, so überholt sie auch als Methoden nationaler Politik erscheinen mögen, triumphieren immer noch über die höheren Gebote menschlicher Wohlfahrt und Gerechtigkeit.

Der Ausblick für unsere Nachkriegswelt ist nicht rosig. Wir Physiker sind keine Politiker. Nie haben wir daran gedacht, uns in politische Angelegenheiten einzumischen. Aber wir wissen einiges, was die Politiker nicht wissen, und betrachten es als unsere Pflicht, die Verantwortlichen daran zu erinnern, daß es keine bequeme Flucht in die Gleichgültigkeit gibt und daß die Zeit für kleine Finessen oder Auf-der-Stelle-Treten vorbei ist.

Die Welt erfordert kühne Taten und einen radikalen Wandel unserer Mentalität und politischen Konzeptionen. Möge der Geist, der Alfred Nobel erfüllte, der Geist des Glaubens und Vertrauens, der Großzügigkeit und Menschenbrüderschaft, all jene beherrschen, deren Entscheidungen unser Schicksal bestimmen. Sonst wird unsere Zivilisation dem Untergang geweiht sein. SJ 134f.

Max Planck

Ein vielgestaltiger Bau ist er, der Tempel der Wissenschaft. Gar verschieden sind die darin wandelnden Menschen und die seelischen Kräfte, welche sie dem Tempel zugeführt haben. Gar mancher befaßt sich mit der Wissenschaft im freudigen Gefühl seiner überlegenen Geisteskraft; ihm ist die Wissenschaft der ihm gemäße Sport, der kraftvolles Erleben und Befriedigung des Ehrgeizes bringen soll; gar viele sind auch im Tempel zu finden, die nur um utilitaristischer Ziele willen hier ihr Opfer an Gehirnschmalz darbringen. Käme nun ein Engel Gottes und vertriebe alle die Menschen aus dem Tempel, die zu diesen beiden Kategorien gehören, so würde er bedenklich geleert, aber es blieben doch noch Männer aus der Jetzt- und Vorzeit im Tempel drinnen. Zu diesen gehört unser Planck, und darum lieben wir ihn.

Ich weiß wohl, daß wir da soeben viele wertvolle Männer leichten Herzens im Geiste vertrieben haben, die den Tempel der Wissenschaft zum großen, vielleicht zum größten Teil gebaut haben; bei vielen auch würde unserm Engel die Entscheidung ziemlich sauer werden. Aber eines scheint mir sicher: Gäbe es nur Menschen von der soeben vertriebenen Sorte, so hätte der Tempel nicht entstehen können, so wenig als ein Wald wachsen kann, der nur aus Schlingpflanzen besteht. Diesen Menschen genügt eigentlich jeder Tummelplatz menschlicher Tätigkeit; ob sie Ingenieure, Offiziere, Kaufleute oder Wissenschaftler werden, hängt von äußeren Umständen ab.

Wenden wir aber unsere Blicke wieder denen zu, die vor dem Engel Gnade gefunden haben! Etwas sonderbare, verschlossene, einsame Kerle sind es zumeist, die einander trotz dieser Gemeinsamkeiten eigentlich weniger ähnlich sind als die aus der Schar Vertriebenen. Was hat sie in den Tempel geführt? Die Antwort ist nicht leicht zu geben und kann auch gewiß nicht einheitlich ausfallen. Zunächst glaube ich mit Schopenhauer, daß eines der stärksten Motive, die zur Kunst und Wissenschaft hinführen, eine Flucht ist aus dem Alltagsleben mit seiner schmerzlichen Rauheit und trostlosen Öde, fort aus den Fesseln der ewig wechselnden eigenen Wünsche. Es treibt den feiner Besaiteten aus dem persönlichen Dasein heraus in die Welt des objektiven Schauens und Verstehens; es ist dies Motiv mit der Sehnsucht vergleichbar, die den Städter aus seiner geräuschvollen, unübersichtlichen Umgebung nach der stillen Hochgebirgslandschaft unwiderstehlich hinzieht, wo der weite Blick durch die stille reine Luft gleitet und sich ruhigen Linien anschmiegt, die für die Ewigkeit geschaffen scheinen.

Zu diesem negativen Motiv aber gesellt sich ein positives. Der Mensch sucht in ihm irgendwie adäquaterweise ein vereinfachtes und übersichtliches Bild der Welt zu gestalten und so die Welt des Erlebens zu überwinden, indem er sie bis zu einem gewissen Grad durch dies Bild zu ersetzen strebt. Dies tut der Maler, der Dichter, der spekulative Philosoph und der Naturforscher, jeder in seiner Weise. In dieses Bild und seine Gestaltung verlegt er den Schwerpunkt seines Gefühlslebens, um so Ruhe und Festigkeit zu suchen, die er im allzu engen Kreis des wirbelnden und persönlichen Erlebens nicht finden kann.

Was für eine Stellung nimmt das Weltbild des theoretischen Physikers unter all diesen möglichen Bildern der

Welt ein? Es stellt die höchsten Anforderungen an die Straffheit und Exaktheit der Darstellung der Zusammenhänge, wie sie nur die Benutzung der mathematischen Sprache verleiht. Aber dafür muß sich der Physiker stofflich um so mehr bescheiden, indem er sich damit begnügen muß, die allereinfachsten Vorgänge abzubilden, die unserm Erleben zugänglich gemacht werden können, während alle komplexeren Vorgänge nicht mit jener subtilen Genauigkeit und Konsequenz, wie sie der theoretische Physiker fordert, durch den menschlichen Geist nachkonstruiert werden können. Höchste Reinheit, Klarheit und Sicherheit auf Kosten der Vollständigkeit. Was kann es aber für einen Reiz haben, einen so kleinen Ausschnitt der Natur genau zu erfassen, alles Feinere und Komplexere aber scheu und mutlos beiseite zu lassen? Verdienst das Ergebnis einer so resignierten Bemühung den stolzen Namen „Weltbild"?

Ich glaube, der stolze Name ist wohlverdient, denn die allgemeinen Gesetze, auf die das Gedankengebäude der theoretischen Physik gegründet ist, erheben den Anspruch, für jedes Naturgeschehen gültig zu sein. Auf ihnen sollte sich auf dem Wege reiner gedanklicher Deduktion die Abbildung, d. h. die Theorie eines jeden Naturprozesses einschließlich der Lebensvorgänge finden lassen, wenn jener Prozeß der Deduktion nicht weit über die Leistungsfähigkeit menschlichen Denkens hinausginge. Der Verzicht des physikalischen Weltbildes auf Vollständigkeit ist also kein prinzipieller.

Höchste Aufgabe der Physiker ist also das Aufsuchen jener allgemeinsten elementaren Gesetze, aus denen durch reine Deduktion das Weltbild zu gewinnen ist. Zu diesen elementaren Gesetzen führt kein logischer Weg, sondern nur die auf Einfühlung in die Erfahrung sich stützende Intuition. Bei dieser Unsicherheit der Methodik könnte man denken, daß beliebig viele, an sich gleichberechtigte Systeme der theoretischen Physik möglich wären; diese Meinung ist auch prinzipiell gewiß zutreffend. Aber die Entwicklung hat gezeigt, daß von allen denkbaren Konstruktionen eine einzige jeweilen sich als unbedingt überlegen über alle anderen erwies. Keiner, der sich in den Gegenstand wirklich vertieft hat, wird leugnen, daß die Welt der Wahrnehmungen das theoretische System praktisch eindeutig bestimmt, trotzdem kein logischer Weg von den Wahrnehmungen zu den Grundsätzen der Theorie führt. Dies ist es, was Leibniz so glücklich als „prästabilierte Harmonie" bezeichnete. Diesen Umstand nicht genügend zu würdigen, wird von den Physikern manchem Erkenntnistheoretiker zum schweren Vorwurf gemacht. Hierin scheinen mir auch die Wurzeln der vor einigen Jahren zwischen Mach und Planck geführten Polemik zu liegen. WB 107–109

Rudolf Ladenburg

Kurz ist dies Dasein, wie ein flüchtiger Besuch in einem fremden Hause. Kümmerlich erhellt ist der zurückzulegende Weg durch ein flackerndes Bewußtsein, als dessen Zentrum das beschränkende und trennende Ich erscheint.

Die Beschränkung auf das Ich ist für Wesen unserer Art undenkbar für das nackte Dasein und auch für das Lebensgefühl. Das Ich führt uns zum Du und zum Wir – ein Schritt, der uns erst zu dem macht, was wir sind. Und doch ist die Brücke, die von dem Ich zum Du führt, subtil und unsicher wie das ganze Abenteuer des Lebens.

Fügt sich eine Gruppe von Menschen zu einem Wir zusammen, zu einem harmonischen Ganzen, so ist das Höchste erreicht, was Menschen als Geschöpfe erreichen können. Das sie verknüpfende Band ist unmittelbarer und elementarer als das Band der Sprache, so etwas wie eine Gemeinschaft des verstehenden Lächelns.

Solch eine kleine Reisegemeinschaft ist hier versammelt, um dem Reisegenossen Rudolf Ladenburg den letzten herzlichen Gruß zu bringen. Über sein Wirken in unserem Kreise braucht nichts gesagt zu werden; jeder fühlte die erlösende, befruchtende und stützende Wirkung, die von seiner Person ausstrahlte.

Wohl ist der Mensch von der Sehnsucht erfüllt, eine allumfassende, harmonisch menschliche Gemeinschaft zu schaffen, und es kommt zu dieser Sehnsucht die Erkenntnis einer äußeren gebieterischen Notwendigkeit für eine solche Gemeinschaft. Aber es fehlt hier die Verknüpfung durch die unmittelbaren persönlichen Resonanzwirkungen. Das Streben nach diesem großen Ziel, so alt und unabweisbar es ist, so entmutigend sind die bisherigen Erfolge. Das Ziel erscheint zu groß zu sein im Vergleich mit der Beschränktheit der Individuen, auf die allein das Streben sich stützen kann.

Gar oft haben wir auf stillen Spaziergängen solche Erwägungen ausgetauscht und Trost gefunden in der kleinen lebendigen Gemeinschaft unseres engen Kreises. Trost fanden wir auch in der großen Gemeinschaft der nach objektiver wissenschaftlicher Erkenntnis Strebenden. War doch hier ein Gebiet abgegrenzt, das sorgfältig geschützt erscheint gegen das Eindrängen zerstörender Leidenschaften.

So sind die Wege, auf denen das flackernde und kurzlebige Einzelbewußtsein seine Unzulänglichkeit überwinden kann. Bescheidenes Dienen in diesem Sinne kennzeichnet das Wirken unseres lieben Freundes. SJ 225 f.

Johannes Kepler

In Keplers Briefen tritt uns ein fein empfindender Mensch entgegen, der sich leidenschaftlich dem Streben nach tiefer Einsicht in das Wesen der Naturvorgänge ergeben hat und der allen inneren und äußeren Schwierigkeiten zum Trotz sein hochgestecktes Ziel auch erreichte.

Weder durch seine Armut noch durch das Verständnis der maßgebenden Zeitgenossen, die den Verlauf des Keplerschen Lebens und Werkes erheblich bestimmten und die freie Entfaltung seines Könnens behinderten, ließ er sich lähmen oder entmutigen. Dabei hatte er es mit einem Gegenstande zu tun, der den Bekenner der Wahrheit auch unmittelbar gefährdete. Er gehörte jedoch zu den wenigen, die überhaupt nicht anders können, als auf jedem Gebiete offen für ihre Überzeugung einzustehen. Dabei war er nicht einer, der an dem Kampfe mit anderen unmittelbares Vergnügen fand, wie es etwa bei Galilei offenbar der Fall war, dessen göttliche Bosheiten noch heute den verständnisvollen Leser entzücken. Kepler war ein frommer Protestant, der aber kein Hehl daraus machte, daß er nicht alle Entscheidungen der Kirche billigte. Er wurde deswegen als eine Art gemäßigter Ketzer betrachtet und demgemäß behandelt. Dies führt mich zu den oben angedeuteten inneren Schwierigkeiten, die Kepler zu überwinden hatte. Sie sind nicht so leicht zu sehen wie die äußeren. Sein Lebenswerk war nur möglich, wenn es ihm gelang, sich weitgehend von der geistigen Tradition freizumachen, in die er hineingeboren war. Sie bestand nicht nur in der religiösen, auf die Autorität der Kirche gegründeten Tradition, sondern auch in den allgemeinen Vorstellungen über die Art der Bedingtheit des Geschehens im Kosmos und in der menschlichen Sphäre sowie in den Ideen über die relative Bedeutung des Denkens und der Erfahrung in der Wissenschaft. Er mußte sich befreien von der animistischen, nach Zwecken orientierten Denkweise in der Forschung. Er mußte klar erkannt haben, daß ein noch so klares logisch-mathematisches Theoretisieren allein keine Wahrheit verbürgt, sondern daß die schönste logische Theorie in der Naturwissenschaft ohne Vergleich mit der exaktesten Erfahrung nichts bedeutet. Ohne diese philosophische Einstellung wäre sein Werk nicht möglich gewesen. Er spricht nicht darüber, aber der innere Kampf spiegelt sich in den Briefen. Der Leser mag auf die Bemerkungen über Astrologie achten. Sie zeigen, daß der überwundene innere Feind zwar unschädlich gemacht, aber nicht ganz tot war.

SJ 222–225

Marie Curie

Wenn ein überragender Mensch wie Frau Curie sein Leben abgeschlossen hat, so sollten wir nicht nur an das erinnern, was er den Menschen an Ergebnissen der Arbeit geschenkt hat; denn die ethischen Qualitäten der führenden Persönlichkeiten einer Generation sind für diese und den Lauf der Geschichte von vielleicht noch größerer Bedeutung als die rein intellektuellen Leistungen. Auch sind diese letzteren in höherem Maße, als man gewöhnlich denkt, von der Größe des Charakters abhängig.

Ich hatte das Glück, mit Frau Curie zwanzig Jahre lang durch eine schöne und ungetrübte Freundschaft verbunden zu sein, was mich lehrte, ihre menschliche Größe in immer steigendem Maße zu bewundern. Sie war von einer Stärke und Lauterkeit des Willens, von einer Härte gegen sich selbst, von einer Objektivität und Unbestechlichkeit des Urteils, die selten in einem Menschen vereinigt sind. Sie fühlte sich in jedem Augenblick als Dienerin der Gesellschaft, und ihre tiefe Bescheidenheit ließ keine Selbstzufriedenheit aufkommen. Das stets in ihr lebendige Gefühl für die Härten und Ungerechtigkeiten der Gesellschaft drückte sie und gab ihr jene Herbheit nach außen, die von einem Fernerstehenden leicht mißdeuted werden konnte, jene eigenartige Herbheit, die durch keinerlei künstlerischen Liebhabereien gemildert war. Hatte sie einen Weg für richtig erkannt, so verfolgte sie ihn ohne Kompromisse mit äußerster Zähigkeit.

Die größte wissenschaftliche Tat ihres Lebens, der Existenz-Nachweis und die Isolierung radioaktiver Elemente, verdankt ihre Realisierung nicht nur einer kühnen Intuition, sondern auch einer Hingabe und Zähigkeit in der Ausführung ihrer Forscherarbeit, unter denkbar harten äußeren Verhältnissen, wie sie in der Geschichte der experimentellen Wissenschaft nicht oft aufgetreten ist.

Wenn auch nur ein kleiner Teil von Frau Curies Charaktergröße und Hingabe in den Intellektuellen Europas lebendig wäre, stünde es besser um Europas Schicksal.

SJ 207 f.

Mahatma Gandhi

Ein Führer seines Volkes ohne äußere Macht, ein Politiker, dessen Erfolge weder auf Schlauheit noch auf technischen Tricks, sondern einfach auf der Überzeugungskraft seiner Persönlichkeit beruhen, ein erfolgreicher Kämpfer, der jedes Mittel der Gewalt verschmähte, ein Demütiger und Weiser voll Tatkraft und unbeugsamer Konsequenz, der all seine Kräfte der Verbesserung des Loses und der Veredelung seines Volkes gewidmet hat. Einer, der der Brutalität der Europäer die Würde wahrer Menschlichkeit entgegengestellt hat und dabei stets der Überlegene geblieben ist.

Ein späteres Geschlecht wird es vielleicht kaum glauben können, daß so einer als ein Geschöpf aus Fleisch und Bein wirklich auf dieser Erde gewandelt ist. SJ 216f.

Albert Schweitzer

Kaum je habe ich einen andern Menschen gefunden, in dem Güte und Sehnsucht nach Schönheit so ideal vereinigt sind wie bei Albert Schweitzer. Besonders eindrücklich wird dies bei jemandem, der mit so kräftiger Gesundheit gesegnet ist. Er freut sich, seine Arme und Hände zu brauchen, um das zu verwirklichen, was seiner Natur entspricht. Diese große Gesundheit, die nach unmittelbarer Handlung verlangt, hat ihn je vor dem Erlahmen in pessimistischer Resignation abgehalten, in die ihn seine moralische Empfindsamkeit hätte führen können. So gelang es ihm, trotz aller Enttäuschungen, mit der unsere Zeit jeden empfindsamen Menschen belastet, sich sein freudvolles, lebensbejahendes Wesen zu bewahren.

Er liebt die Schönheit, nicht nur an den Künsten allein, sondern auch im Reiche des Geistes, ohne aber durch Sophistereien beeindruckt zu werden. Ein sicherer Instinkt hilft ihm, sich Festigkeit dem Leben gegenüber und Unmittelbarkeit in jedem zu erhalten. Gefühllose und kalte Art flieht er überall. Er kämpft dagegen an, wenn immer er für einen Menschen die Aussicht, ihr erfolgreich zu begegnen, sieht. Deutlich spürt man dies auch in seinem klassischen Werk über Bach, wo er die Unreinheit und Manieriertheit enthüllt, womit die „Zünftigen" die Schöpfungen des geliebten Meisters verdunkelt und ihren unmittelbaren und elementaren Eindruck beeinträchtigt haben. Es scheint mir, daß das Werk in Lambarene zu einem bedeutsamen Teil Flucht vor unserer moralisch versteinerten und seelenlosen Kulturtradition gewesen ist – ein Übel, dem gegenüber der Einzelne machtlos ist.

Nicht gepredigt und gewarnt hat er und nicht geträumt davon, daß sein Beispiel Vorbild und Trost für unzählige werde. Einfach aus innerer Notwendigkeit heraus hat er gehandelt.

Am Ende muß doch ein unzerstörbarer guter Kern in vielen sein, sonst hätten sie nie seine schlichte Größe erkannt. Ehrfurcht 232

Carl von Ossietzky

Nur wer die Nachkriegsjahre in Deutschland zugebracht hat, kann es ermessen, wie hart der Kampf war, den ein Mann wie Ossietzky zu bestehen hatte. Er wußte, daß die auf Gewalt und Krieg gerichtete Tradition seiner Landsleute durch die Niederlage nicht entkräftet war. Er wußte, wie schwer, undankbar und gefährlich es war, den durch hartes Schicksal und den verwildernden Einfluß eines langen Krieges verhärteten Landsleuten Vernunft und Recht zu predigen. Sie haben es ihm durch Haß, Verfolgung und langsame Vernichtung vergolten in ihrer Verblendung; auf ihn zu hören und demgemäß zu handeln hätte für sie die Rettung und für die Welt eine wahre Erlösung bedeutet.

Es wird der Nobelstiftung auf immer zum Ruhme gereichen, daß sie diesen schlichten Märtyrer mit ihrer hohen Auszeichnung bedacht hat und daß sie darauf bedacht ist, die Erinnerung an ihn und sein Wirken lebendig zu erhalten. Es ist auch heilsam für die heutige Menschheit; denn die verhängnisvolle Illusion, gegen die er kämpfte, ist durch den Ausgang des Krieges keineswegs beseitigt. Der Verzicht auf die Lösung menschlicher Probleme durch Gewalt – darum geht es auch heute noch wie damals. SJ 217 f.

Moses Maimonides

Es liegt etwas Erhabenes darin, wenn die Menschen in Eintracht das Andenken eines Mannes feiern, dessen Wirken sieben Jahrhunderte zurückliegt. Wir empfinden dies um so stärker in einer Zeit, in welcher Leidenschaft und Kampf mehr als gewöhnlich den Einfluß vernünftiger Überlegung und abwägender Gerechtigkeit verdunkeln. Im Getriebe des Alltags ist unser Blick getrübt durch unsere Wünsche und Leidenschaften, und die Stimme der Vernunft und Gerechtigkeit ist fast unhörbar in dem wirren Getöse des Kampfes aller gegen alle. Das Getöse jener lange vergangenen Zeit aber ist längst verstummt, und es bleibt von ihr kaum *mehr* übrig als das dankbare Andenken an die wenigen, die auf die Zeitgenossen, und damit auch auf die späteren Generationen, entscheidend und segensreich gewirkt haben. Ein solcher Mensch war Maimonides.

Nach der Zerstörung der antiken Kultur Europas durch germanische Barbarenvölker entströmte allmählich wieder neues und feineres kulturelles Leben aus zwei Quellen, die bei der allgemeinen Zerstörung nicht völlig verschüttet worden waren – der jüdischen Bibel und der griechischen Philosophie und Kunst. Die Vereinigung dieser beiden so verschiedenen Quellen steht am Anfange unserer gegenwärtigen Kulturperiode, und aus dieser Vereinigung entsprang direkt oder indirekt alles, was den wirklichen Wert unseres heutigen Daseins ausmacht.

Maimonides war eine jener starken Persönlichkeiten, die durch ihre Schriften und durch ihr menschliches Wirken jene Synthese zustande brachten und so die spätere Entwicklung vorbereiteten. Wie des geschah, werden wir an diesem Abend von Freunden erzählt bekommen, die in der Geschichte jener Zeit, in Maimonides' Lebenswerk und in die europäische Geistesgeschichte, durch ihre Studien tiefer eingedrungen sind als ich.

Möge diese Stunde dankbarer Erinnerung dazu beitragen, daß in uns die Liebe und Wertschätzung für die in heißem Ringen erworbenen Güter unserer Kultur gestärkt werden. Dann wird unser Kampf um deren Erhaltung gegen die heutigen Mächte der Finsternis und Barbarei zum guten Ende führen. SJ 236–238

Nachruf auf die Helden des Ghettos in Warschau

Sie kämpften und fanden den Tod als Glieder der jüdischen Nation im Kampf gegen die organisierten Mörderbanden der Deutschen. Für uns sind diese Opfer eine Stärkung des Bandes, das uns Juden aller Länder verbindet. Eins sollen wir sein im Leiden und im Streben nach einer besseren menschlichen Gesellschaft, die unsere Propheten mit solcher Wucht und Klarheit als wichtigstes Ziel hingestellt haben.

Die Deutschen als ganzes Volk sind für diese Massenmorde verantwortlich und müssen als Volk dafür gestraft werden, wenn es eine Gerechtigkeit in der Welt gibt, und wenn das Bewußtsein der Völker für kollektive Verantwortlichkeit nicht vollends untergehen soll. Hinter der Nazipartei steht das deutsche Volk, das Hitler gewählt hat, nachdem er ihm seine schändlichen Absichten in nicht mißzuverstehender Form in seinem Buche und in seinen Reden allgemein bekanntgemacht hatte. Die Deutschen sind das einzige Volk, in dem es nicht zu einer einigermaßen wirksamen Gegenaktion zum Schutze der unschuldig Verfolgten gekommen ist. Wenn sie vollends besiegt sind und, wie nach dem letzten Kriege, über ihr Schicksal jammern, soll man sich nicht ein zweites Mal täuschen lassen, sondern sich daran erinnern, daß sie die Menschlichkeit der andern voll bewußt benutzt haben, um ihr letztes und schwerstes Verbrechen gegen die Menschheit vorzubereiten. SJ 253f.

Quellennachweis

Born	Einstein, Albert/Born, Hedwig und Max, Briefwechsel 1916–1955, hg. v. M. Born, © 1969 Nymphenburger Verlag in der F. A. Herbig Verlagsbuchhandlung GmbH, München.
Frieden	Einstein, Albert, Über den Frieden. Weltordnung oder Weltuntergang?, hg. v. O. Nathan/H. Norden, Bern 1975 (Copyright: The Estate of Albert Einstein, New York; mit Genehmigung des Albert-Einstein-Archivs, Hebrew University of Jerusalem).
SJ	Einstein, Albert, Aus meinen späten Jahren, Stuttgart 1979 (Copyright: The Estate of Albert Einstein, New York; mit Genehmigung des Albert-Einstein-Archivs, Hebrew University of Jerusalem).
Warum Krieg?	Einstein, Albert/Freud, Sigmund, Warum Krieg?, Zürich 1972 (Copyright: The Estate of Albert Einstein, New York; mit Genehmigung des Albert-Einstein-Archivs, Hebrew University of Jerusalem).
Briefe	Albert Einstein Briefe. Aus dem Nachlaß herausgegeben von Helen Dukas/Banesh Hoffmann. © 1981 by Diogenes Verlag AG Zürich.
WB	Einstein, Albert, Mein Weltbild, hg. v. C. Seelig, Ullstein Sachbuch, Frankfurt/Main – Berlin 1991 (Copyright: Europa Verlag A.G. Zürich.
Ein Haus	Ein Haus für Albert Einstein. Erinnerungen, Briefe, Dokumente, hg. v. M. Grüning, Berlin 1990 (Copyright: Verlag der Nation).
Ehrfurcht	Ehrfurcht vor dem Leben. Albert Schweitzer. Eine Freundesgabe zu seinem 80. Geburtstag, Bern 1955 (Copyright: Verlag Paul Haupt Bern/Stuttgart/Wien).

Literatur, die die Seele streift

Antoine de Saint-Exupéry
Briefe an seine Mutter
Botschaften eines großen Herzens
Band 4007

Lew Tolstoj
Zeiten des Erwachens
Mit einem Nachwort herausgegeben von Axel Dornemann
Band 4017

Prosa wie Paukenschläge von einem atemberaubend modernen Kenner der menschlichen Seele. Eine Art „Tolstoj-Bibel".

Das Glück liegt auf der Hand
ABC der Lebensfreuden
Herausgegeben von Rudolf Walter
Band 4021

Über hundert kleine Dinge, die des Menschen Herz erfreuen. Frisch und pointiert erzählt von bekannten Autorinnen und Autoren.

José Luis Sampedro
Das etruskische Lächeln
Roman
Band 4022

Erst wenn man wirklich gelebt hat, überdauert das Lächeln auch den Tod. „Eine lesenswerte zeitgemäße Familiensaga!" (Münchner Merkur).

Franz von Assisi
Geliebte Armut
Texte zum Nachdenken
Herausgegeben von Thomas und Gertrude Sartory
Band 4024

„Diese innere Rebellion, die den Leser bei manchen Texten überkommen mag, ist nicht die schlechteste Voraussetzung, tiefer in sie einzudringen" (Deutsche Tagespost).

Marie Luise Kaschnitz
Zeiten des Lebens
Herausgegeben und eingeleitet von Ulrike Suhr
Band 4029

„Zum Wiederentdecken und Sicheinlassen auf die leisen unaufdringlichen Töne“ (Buch-Journal).

Annemarie Schimmel
Die orientalische Katze
Mystik und Poesie des Orients
Band 4033

Die berühmte Orientalistin zeigt hier, wie die Poeten und Weisen des Ostens die Katze, dieses geheimnisvolle Tier, verstanden.

Antoine de Saint-Exupéry
Man sieht nur mit dem Herzen gut
Band 4039

Texte, in denen sich die unsentimentale und daher um so echtere Liebe Saint-Exupérys zum Menschen offenbart.

Harry Pross
Buch der Freundschaft
Band 4044

Auf der Suche nach einer „Kultur der Freundschaft“ heute. Ein Buch voll Esprit.

Mircea Eliade
Hochzeit im Himmel
Roman
Band 4056

„Ich träumte von einem Liebesroman, der ganz anders sein sollte als alles, was bis dahin geschrieben worden war“ (Mircea Eliade).

Leonid Borodin
Die dritte Wahrheit
Roman
Band 4061

Die dritte Wahrheit ist die Wahrheit der Natur, des einfachen Menschen. Eine Geschichte voll psychologischer Kraft.

Dalai Lama
Zeiten des Friedens
Herausgegeben und eingeleitet von Erhard Maier
Band 4065

Ein großer geistiger Führer unserer Zeit gibt der Sehnsucht nach Frieden wichtige spirituelle Impulse.

Eugen Drewermann
Das Eigentliche ist unsichtbar
Der Kleine Prinz tiefenpsychologisch gedeutet
Band 4068

Ist es der ewige Traum verlorener Kindheit, der Saint-Exupérys „kleinen Prinzen" so faszinierend macht?

Elie Wiesel
Der fünfte Sohn
Roman
Band 4069

Die Geschichte des Juden Reuven Tamiroff, der 30 Jahre lang fälschlich glaubte, den Mörder seines Sohnes gerächt zu haben.

Antoine de Saint-Exupéry
Briefe an Rinette
Poesie einer Liebe
Band 4076

Vom Charme eines Gefühls, das das Leben verzaubert, erzählen die Briefe des jungen Antoine. Wundervoll als Geschenk.

Die Erde ist uns heilig
Die Reden des Chief Seattle und anderer indianischer Häuptlinge
Herausgegeben von Rudolf Kaiser
Band 4079
Beschwörend, prophetisch, poetisch: die Überlebensweisheit einer großen alten Kultur.

Thomas Schäfer
Mein allerliebstes Haselnüßchen, ich muß dich knacken
Mann und Frau im Märchen
Band 4083
Eine Entdeckungsreise in die Welt vertrauter Geschichten – und zu den märchenhaften Möglichkeiten der Partnerschaft.

Manjul Bhagat
Anaro oder die Tücken des Alltags von Delhi
Roman
Aus dem Hindi von Heidemarie und Indu Prakash Pandey
Band 4086
Eine Geschichte von der Würde und dem Stolz der Armen und von der Stärke der scheinbar Schwächsten, den Frauen.

Pharaonische Lebensweisheit
Eingeleitet, übersetzt und kommentiert von Emma Brunner-Traut
Band 4089
Das überraschend moderne Zeugnis der sehnsuchtsvollen Suche des Menschen nach dem Geheimnis seiner Existenz.

Eugen Drewermann
Zeiten der Liebe
Herausgegeben und eingeleitet von Karin Walter
Band 4091
Eugen Drewermanns tiefe und poetische, die Unendlichkeit berührende Texte lassen Wege entdecken zu einem Leben der Liebe.

Ramon Llull
Das Buch vom Freunde und Geliebten
Übersetzt und herausgegeben von Erika Lorenz
Band 4094

Ein Juwel abendländischer Mystik: „Llull spricht überwältigend schön über die Liebe" (Neue Zürcher Zeitung).

C. S. Lewis
Dienstanweisung an einen Unterteufel
Mit Illustrationen von H. E. Köhler
Band 4096

Verblüffende Einblicke in die menschliche Seele. Ein höllisches Vergnügen, geradezu „teuflisch" gut.

Käthe Kollwitz
Aus meinem Leben
Ein Testament des Herzens
Mit einer Einführung von Hans Kollwitz
Band 4105

Geschrieben mit weiblichem Instinkt und tiefer Empfindsamkeit. „Ein Testament der Menschlichkeit" (Saturday Review).

Thomas Merton
Zeiten der Stille
Herausgegeben und eingeleitet von Bernardin Schellenberger
Band 4107

Auf das ursprüngliche Sprechen des Schweigens wieder zu hören – dazu leitet dieses Buch an.

Barabara Krause
Camille Claudel – ein Leben in Stein
Roman
Band 4111

Sie war ein Genie und zerbrach an der Ignoranz ihrer Zeit. Die mitreißende Geschichte eines Lebens gegen jede Konvention.

J. F. Powers
Ein Zweig in frischem Triebe
Roman
Band 4124

Joe Hackett, Sohn eines Kohlegroßhändlers, auf dem Weg, ein Heiliger zu werden. Ein Priesterroman, sprühend von hintergründigem Witz.

Jakob J. Petuchowski
„Es lehrten unsere Meister..."
Rabbinische Geschichten
Band 4132

„Die Lektüre dieses Buches ist wie ein Abenteuer auf der Suche nach Schönheit und Sinn" (Elie Wiesel).

Li Ping
Zur Stunde des verblassenden Abendrots
Roman
Band 4140

Die poetisch erzählte Geschichte einer großen Liebe, zugleich das erregende Dokument des geistigen Umbruchs im modernen China.

Rudolf Kaiser
Indianischer Sonnengesang
Die Weisheit der Erde in der Spiritualität nordamerikanischer Indianer
Band 4143

Die schönsten Zeugnisse indianischer Spiritualität: bewegende Dokumente einer tiefen Einheit von Mensch und Natur.

Anthony de Mello
Warum der Vogel singt
Weisheitsgeschichten
Band 4149

Wie in einem Brennglas konzentriert: westliche und östliche, antike und moderne Lebenserfahrungen aus mehr als zwei Jahrtausenden.

Elie Wiesel
Gezeiten des Schweigens
Roman
Band 4154

Michael ist ein Entkommener, einer, der den Wahnsinn des Krieges hinter sich hat. Er reist zurück in die Stadt seiner Deportation ...

Aufrichtige Erzählungen eines russischen Pilgers
Herausgegeben und eingeleitet von Emmanuel Jungclaussen
Band 4156

Eine Kostbarkeit aus dem Schatz der Weltliteratur. Der Klassiker russisch-orthodoxer Spiritualität in der vollständigen Ausgabe.

Juri Trifonow
Das Verschwinden
Roman
Band 4161

Moskau im Hungerwinter 1937: Ein Kind erlebt die Schrecken einer erbarmungslosen Ideologie. Ein Stück Weltliteratur.

Idries Shah
Die fabelhaften Heldentaten des vollendeten Narren und Meisters Mulla Nasrudin
Band 4164

Humorvolle und tiefgründige Geschichten, die den Leser in die bezaubernde Welt des Orients entführen.

Mahatma Gandhi
Texte zum Nachdenken
Band 4173

Man nannte ihn die „Große Seele“. Wahrheit, Gerechtigkeit und Friede waren sein Programm. Seine Kerngedanken sind hier gesammelt.

Vasco Pratolini
Die Mädchen von Sanfrediano
Roman
Band 4174

Wie viele Mädchen braucht ein Casanova? Aldo Sereni, Florentiner Herzensbrecher, leidet keinen Mangel. Bis eine sein Spiel durchschaut. Ihre Rache ist gar fürchterlich ...

Linus Reichlin
Vom Verstecken eines Gastes
Band 4185

Ein kurdischer Teppichweber auf der Flucht. Schweizer Behörden verweigern ihm das Asylrecht, engagierte Bürger nehmen ihn auf. Was die Beherberger nicht ahnen: Nicht der Gast wird zum Problem, sondern sie selbst.

Elie Wiesel
Der Vergessene
Roman
Band 4186

Ein Mann spürt: sein Gedächtnis schwindet. Wider das Vergessen erzählt er dem Sohn von seiner Vergangenheit, die ein dunkles Geheimnis birgt.

Klemens Ludwig
Flüstere zu dem Felsen
Die Botschaft der Ureinwohner unserer Erde zur Bewahrung der Schöpfung
Band 4195

Menschen, die nie aufgehört haben, im Einklang mit der Natur zu leben, erheben in diesem Buch eindringlich ihre Stimme.

Rudyard Kipling
Das kommt davon
Die schönsten Geschichten
Band 4206

Wie kam der Elephant zum Rüssel, wie das Kamel zum Höcker? Ausstrahlungskräftige Erzählungen voll heiterer Phantasie.